Margarete I. Ersen-Rasch
Hayrettin Seyhan

Güle güle

Arbeitsbuch

Hueber Verlag

Verlagsredaktion: Stephen Fox, Anja von Fraunberg
Sprachliche Durchsicht und Beratung: Özgür Savaşçı

Bildnachweis

Seite 9, 40, 51, 59, 87, 107, 115, 145: Gülay Yilmaz, München
Seite 6, 23, 76, 94, 130: Informationsabteilung des Türkischen Generalkonsulats, München
Seite 101, 103, 111, 118, 133: Hayrettin Seyhan, Berlin
Seite 12, 73, 80, 138: MHV-Archiv

Der Verlag weist ausdrücklich darauf hin, dass im Text
enthaltene externe Links vom Verlag nur bis zum Zeitpunkt
der Buchveröffentlichung eingesehen werden konnten.
Auf spätere Veränderungen hat der Verlag keinerlei Einfluss.
Eine Haftung des Verlags ist daher ausgeschlossen.

Das Werk und seine Teile sind urheberrechtlich geschützt.
Jede Verwertung in anderen als den gesetzlich zugelassenen
Fällen bedarf deshalb der vorherigen schriftlichen Einwilligung
des Verlags.

Eingetragene Warenzeichen oder Marken sind Eigentum des
jeweiligen Zeichen- bzw. Markeninhabers, auch dann, wenn
diese nicht gekennzeichnet sind. Es ist jedoch zu beachten,
dass weder das Vorhandensein noch das Fehlen derartiger
Kennzeichnungen die Rechtslage hinsichtlich dieser
gewerblichen Schutzrechte berührt.

13.	12.	11.		Die letzten Ziffern
2024	23	22	21 20	bezeichnen Zahl und Jahr des Druckes.

Alle Drucke dieser Auflage können, da unverändert,
nebeneinander benutzt werden.
1. Auflage
© 1998 Hueber Verlag GmbH & Co. KG, Ismaning, Deutschland
Umschlaggestaltung: Clickwork Orange, Berlin
Zeichnungen: Sun Art, Berlin
Layout und Herstellung: Erwin Schmid, Hueber Verlag, Ismaning
Satz: abc Media-Services GmbH, Buchloe
Druck und Bindung: Friedrich Pustet GmbH & Co. KG, Regensburg
Printed in Germany
ISBN 978–3–19–015234–6

VORWORT

Das Arbeitsbuch bietet die Möglichkeit, den Lernstoff des Lehrbuches **Güle güle** weiter einzuüben und zu festigen. Es dient vor allem zur selbstständigen Nach- und Weiterarbeit.

Es enthält zu jeder Lektion folgende Abschnitte:

- **Erläuterungen zum Sprachgebrauch und zur Landeskunde**
  Hier werden sprachbezogene Begriffe nach ihrem Anwendungsbereich erläutert und landeskundliche Informationen gegeben.

- **Erläuterungen zur Grammatik**

  Hier wird die Grammatik erläutert, in Tabellen zusammengestellt und anhand von Beispielsätzen veranschaulicht.

- **Übungen**
  Hier gibt es
    - Übungen zum Aussprachetraining (auf CD),
    - abwechslungsreiche Übungen zur schriftlichen Festigung des Lernstoffes,
    - Übungen zum Leseverständnis,
    - Hörverständnisübungen (auf CD)

Außerdem befinden sich im Anhang:

- das türkische Alphabet, Hinweise zur Aussprache der Laute sowie Rechtschreibregeln
- eine Terminologieliste Lateinisch – Deutsch – Türkisch zu grammatischen Begriffen
- eine Tabelle zum *-yor*-Präsens
- der Schlüssel zu allen Übungen des Arbeitsbuches
- ein Suffix- und ein Sachregister

Kolay gelsin!

Autoren und Redaktion

INHALTSVERZEICHNIS

Lektion 1	5
Lektion 2	10
Lektion 3	17
Lektion 4	24
Lektion 5	31
Lektion 6	39
Lektion 7	45
Lektion 8	52
Lektion 9	60
Lektion 10	66
Lektion 11	74
Lektion 12	81
Lektion 13	88
Lektion 14	94
Lektion 15	101
Lektion 16	108
Lektion 17	116
Lektion 18	123
Lektion 19	130
Lektion 20	139
Alphabet und Aussprache	146
Rechtschreibung	148
Grammatikbegriffe Latein/Deutsch/Türkisch	149
Das -*yor*-Präsens	151
Lösungsschlüssel	152
Suffixverzeichnis	180
Sachverzeichnis	180

İYİ GÜNLER
GUTEN TAG!

ERLÄUTERUNGEN ZUM SPRACHGEBRAUCH UND ZUR LANDESKUNDE

zu 1

İyi günler „Guten Tag!" kann man von morgens bis abends zur Begrüßung und auch zum Abschied gebrauchen. *Günaydın* „Guten Morgen!" wird morgens und vormittags gesagt. *İyi akşamlar* „Guten Abend!" wird in den Abendstunden zur Begrüßung und auch zum Abschied verwendet. *İyi geceler* „Gute Nacht!" gebraucht man beim Zubettgehen, aber auch als Abschiedsgruß zu später Stunde.

zu 2 – 9

Wenn man sich auf Türkisch vorstellt, kann man *Adım …* „mein Name …" oder *Ben …* „Ich …" sagen.
Obwohl *adım* bereits eine Silbe enthält, die „mein" bedeutet, wird der Gesprächspartner oft mit dem Wort *benim* „mein", also *Benim adım …* antworten.
Nachdem man sich selbst vorgestellt hat, fragt man den Gesprächspartner in der Form *Sizin adınız ne?* „(Und) was (ist) Ihr Name?" bzw. *Senin adın ne?* „(Und) was (ist) dein Name?".

zu 4

Merhaba „Grüß Sie! / Grüß dich!" kann zu jeder Tageszeit verwendet werden, hat jedoch einen familiären Charakter.

zu 6

In der Türkei redet man sich mit dem Vornamen an und stellt die türkischen Begriffe für „Herr" und „Frau" diesem nach: *Yusuf Bey* „Herr Yusuf", *Yasemin Hanım* „Frau Yasemin".

zu 15

Türkisch wird seit 1928 mit lateinischen Buchstaben geschrieben. Es besteht aus 29 Schriftzeichen: 8 Vokalen und 21 Konsonanten.

Die Vokale sind: a, e, ı, i, o, ö, u, ü.

Die Konsonanten sind: b, c, ç, d, f, g, ğ, h, j, k, l, m, n, p, r, s, ş, t, v, y, z. Mit ğ (gesprochen *yumuşak ge*) beginnt kein Wort.

BİRİNCİ DERS

ERLÄUTERUNGEN ZUR GRAMMATIK

Was für eine Sprache ist Türkisch?

- Türkisch ist eine agglutinierende (anleimende) Sprache. Was ist Agglutination? **Agglutination** bedeutet, dass zur Bedeutungsveränderung an einen Wortstamm Nachsilben, Suffixe genannt, angehängt werden, ohne dass der Stamm (ob Nomen, Verb oder andere Wortarten, auch erweiterte) sich ändert. Im Deutschen ist das anders, da ändert sich oft der Stamm, z. B. „bringen – brachte".
Im Türkischen dagegen heißt es *getirmek – getirdi*.

- Hinzu kommt noch das Phänomen der **Vokalharmonie**. Mit wenigen Ausnahmen enthält ein echt türkisches Wort entweder nur vordere oder nur hintere Vokale. Das nennt man „Vokalharmonie". Betrachten Sie folgendes Beispiel:

  yedi „sieben", *dokuz* „neun".

  Yedi enthält nur helle Vokale, d. h. Vokale, die im Mund vorn artikuliert werden.
  Dokuz dagegen enthält nur dunkle Vokale, d. h. Vokale, die im Mund hinten artikuliert werden. Fremdwörter im Türkischen entsprechen diesem Prinzip natürlich nicht.

  Die vorderen (hellen) Vokale sind: e   i   ö   ü
  Die hinteren (dunklen) Vokale sind: a   ı   o   u

  Suffixe, die an ein Wort angehängt werden, passen sich lautlich an. Wie das funktioniert, lernen Sie ab Lektion 2.

- Türkisch ist eine äußerst regelmäßige Sprache. Ausnahmen gibt es in den seltensten Fällen.

- Türkisch kennt kein grammatisches Geschlecht und keinen Artikel.

- Das Türkische hat kein Verb „sein" im Präsens.

- Die Betonung ist im Türkischen „dezentralisierend", d. h. der Druck wird relativ gleichmäßig verteilt. Bei mehrsilbigen Wörtern fällt häufig, aber nicht immer, die letzte Silbe stärker ins Ohr. Wird ein betonbares Suffix angehängt, so geht die Betonung auf das Suffix über. Bei einigen Wortarten gibt es Ausnahmen. Ebenso bilden Eigennamen von Städten und Orten sowie Fremdwörter Ausnahmen.

ÜBUNGEN 1

1 Hören Sie zu und wiederholen Sie.

1. c – ç   3. j – ş   5. z – s   7. ı – i
2. o – u   4. ö – ü   6. v – f

2 Kreisen Sie das Wort ein, das Sie hören.

1. can   çan
2. cam   çam
3. cin   Çin
4. cim   çim
5. acı   açı
6. gece   geçe
7. hac   haç
8. sac   saç

3 Vervollständigen Sie die Dialoge.

1.
■ _____ günler. Adım _____.
❏ _____ oldum. Ben _____.
■ Ben _____.

2.
■ İyi akşamlar. Benim _____ Ali. Sizin _____ ne?
❏ _____.
■ Memnun _____, Ayşe Hanım.
❏ _____ de, Ali _____.

3.
■ Merhaba. Adım Suzan, _____ Berksoy. Senin _____ ne?
❏ Benim _____ Güngör, _____ Çelik.

4 Welche Antwort passt?

1. Adın ne?
   a. İyi akşamlar.
   b. Memnun oldum.
   c. Timur.

2. O kim?
   a. Ayşe Hanım.
   b. Merhaba.
   c. İyi geceler.

3. Affedersiniz, sizin adınız ne?
   a. Bilmiyorum.
   b. Tanıştırayım.
   c. Fatma.

4. Kerstin Hanım!
   a. Hoşça kalın.
   b. Buyurun.
   c. Anlamadım.

5 Was passt nicht?

1.
   a. İyi geceler.
   b. Günaydın.
   c. Tanıştırayım.

2.
   a. Affedersiniz.
   b. Adım Timur.
   c. Affedersin.

3.
   a. Ali Bey.
   b. Bilmiyorum.
   c. Uta Hanım.

4.
   a. Bir dakika.
   b. Ben Yusuf.
   c. O Yasemin.

6 Wie lautet die Frage?

1. _____? Adım Uwe.
2. _____? Ayşe Hanım.
3. _____? Soyadım Çelik.
4. _____? Bilmiyorum.

BİRİNCİ DERS

ÜBUNGEN 1

7 Füllen Sie aus.

8 Die Sätze des Dialogs sind durcheinander geraten. Ordnen Sie sie.

○ Memnun oldum, Uwe Bey.
❏ Buyurun.
❏ Efendim?
…
■ Merhaba Ayşe.
○ İyi günler Tarık. O kim?
❏ Ben de, Ayşe Hanım.
■ Uwe Bey.
■ Uwe Bey!
■ Bir dakika lütfen.
■ Tanıştırayım: Ayşe, Uwe Bey.

9 Verbinden Sie.

1. hanım   a. hayır
2. günaydın   b. bir şey değil
3. adım   c. bey
4. evet   ç. iyi geceler
5. teşekkür ederim d. soyadım

10 Was sagen Sie, wenn …

1. Sie jemanden am Morgen treffen?
2. Sie sich verabschieden?
3. Sie sich vorstellen?
4. Sie jemanden vorstellen?
5. Sie sich für etwas bedanken?
6. Sie etwas nicht wissen?
7. Sie jemanden nach seinem Namen fragen?
8. Sie sich entschuldigen?
9. jemand sich Ihnen vorstellt?

ÜBUNGEN

11 Übersetzen Sie die folgenden Wörter und Sätze und tragen Sie sie ein.

1. mein Name
2. bitte
3. Ich habe nicht verstanden.
4. Ich weiß nicht.
5. Wie bitte?
6. wer?
7. er, sie, es
8. Ihr Name
9. wieder

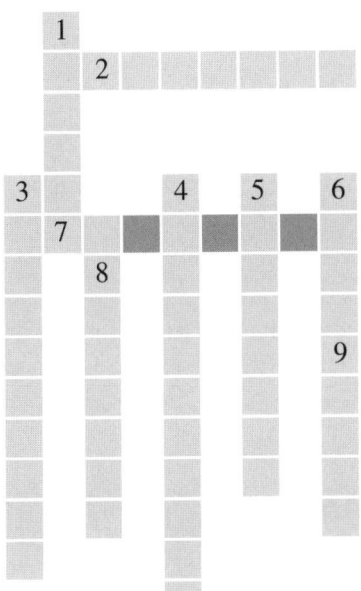

12 Hörverständnisübung

Hören Sie nun, wie zwei Personen in eine Pension kommen und vom Inhaber nach ihren Namen befragt werden.

1. Person

Adı _____

Soyadı _____

2. Person

Adı _____

Soyadı _____

NASILSINIZ?
WIE GEHT ES IHNEN?

ERLÄUTERUNGEN ZUM SPRACHGEBRAUCH UND ZUR LANDESKUNDE

zu 1 – 14

Nach dem Befinden im Sinne von „Wie geht es Ihnen? / Wie geht es dir?" fragt man in Form von *Nasılsınız?* „Wie sind Sie?" bzw. *Nasılsın?* „Wie bist du?". Die Antwort darauf lautet *İyiyim.* „Ich bin gut", d. h. „Es geht mir gut". Die Gegenfrage lautet *Siz nasılsınız?* bzw. *Sen nasılsın?*

zu 7 – 9

Anstatt *Teşekkür ederim* „Ich danke" bedankt man sich auch mit den Worten *Sağ olun* bzw. *Sağ ol* „Seien Sie / Sei gesund (am Leben)!" Diese Varianten haben einen wärmeren Ton.

zu 12

Geçmiş olsun bedeutet wörtlich „Es soll vorbei sein" und wird einerseits im Sinne von „gute Besserung" gebraucht, andererseits aber auch nach unglücklichen Ereignissen, z. B. einem Unfall, oder nach großen Anstrengungen, z. B. einer Prüfung.

ERLÄUTERUNGEN ZUR GRAMMATIK

ab 3
Die Personalpronomen und die Personalsuffixe
Kişi adılları ve kişi çekim ekleri

ben	ich	biz	wir
sen	du	siz	ihr / Sie
o	er, sie, es	onlar	sie

Das Türkische hat in der 3. Person Singular nicht drei Formen, sondern nur eine wie im Plural. (Das Deutsche hat übrigens im Plural auch nur eine Form.)
Die 2. Person Plural, also *siz*, wird einerseits für eine oder mehrere Personen verwendet, die man siezt, und andererseits für mehrere Personen, die man duzt.
Die Personalpronomen werden nur zur Hervorhebung oder im Kontrast gebraucht.

Nasılsınız? – Teşekkür ederim, iyiyim. Siz nasılsınız? – Sağ olun, ben de iyiyim.

ERLÄUTERUNGEN ZUR GRAMMATIK

Außer Personalpronomen kennt Türkisch auch Personalsuffixe. Die Personalsuffixe kennzeichnen ebenfalls die Person. Einem deutschen Satz wie „Ich bin müde" entspricht im Türkischen das Wort *yorgun* einschließlich des entsprechenden Personalsuffixes, also *Yorgunum*, da dem Türkischen im Präsens das Verb „sein" fehlt. Die Personalsuffixe werden nicht betont.

Wie in Lektion 1 erwähnt wurde, passen sich Suffixe, die an ein Wort angehängt werden, lautlich an. Sie richten sich bei türkischen Wörtern nach dem letzten Vokal desjenigen Wortes, an das sie angefügt werden. Bei Fremdwörtern kommen Ausnahmen vor.

Es gibt Suffixe, die vier Varianten haben, und solche, die nur zwei Varianten haben. Die vierförmigen Suffixe enthalten *i* oder *ı* oder *ü* oder *u*, die zweiförmigen *e* oder *a*.

Die Personalsuffixe sind vierförmig. Nur die 3. Person Plural kann, muss aber nicht, ein Pluralsuffix haben, das zweiförmig ist. (Die zweiförmigen Suffixe lernen Sie aktiv erst ab Lektion 5.)

Geht ein Wort auf Vokal aus, wird das Personalsuffix in der 1. Person Singular und Plural in der mit *y* beginnenden Variante verwendet: *İyiyim*. *İyiyiz*.

Personalpronomen		Personalsuffixe			
		Der letzte Vokal eines Wortes ist			
		e oder i	**ö oder ü**	**a oder ı**	**o oder u**
ben	*ich*	-(y)im	-(y)üm	-(y)ım	-(y)um
sen	*du*	-sin	-sün	-sın	-sun
o	*er, sie, es*	Ø	Ø	Ø	Ø
biz	*wir*	-(y)iz	-(y)üz	-(y)ız	-(y)uz
siz	*ihr / Sie*	-siniz	-sünüz	-sınız	-sunuz
onlar	*sie*	Ø /-ler	Ø / -ler	Ø / -lar	Ø / -lar

Beispiele				
	Der letzte Vokal eines Wortes ist			
	e oder i	**ö oder ü**	**a oder ı**	**o oder u**
	iyi	*kötü*	*hasta*	*yorgun*
(Ben)	İyiyim.	Kötüyüm.	Hastayım.	Yorgunum.
(Sen)	İyisin.	Kötüsün.	Hastasın.	Yorgunsun.
(O)	İyi.	Kötü.	Hasta.	Yorgun.
(Biz)	İyiyiz.	Kötüyüz.	Hastayız.	Yorgunuz.
(Siz)	İyisiniz.	Kötüsünüz.	Hastasınız.	Yorgunsunuz.
(Onlar)	İyi(ler).	Kötü(ler).	Hasta(lar).	Yorgun(lar).

İKİNCİ DERS

ERLÄUTERUNGEN ZUR GRAMMATIK

İyiyim.	„Es geht mir gut."
Babam kötü.	„Meinem Vater geht es schlecht."
Siz hastasınız.	„Sie sind krank."
Biz yorgunuz.	„Wir sind müde."

Beispiele für Wörter, in deren letzter Silbe ein *e* oder *ö* oder *ı* oder *o* steht, finden Sie in Lektion 3.

Das Verneinungswort: *değil* „nicht / kein"
Olumsuzluk sözcüğü: değil

Die Personalsuffixe werden an das Verneinungswort *değil* angehängt.

(Ben)	Yorgun değilim.	*Ich bin nicht müde.*
(Sen)	Yorgun değilsin.	*Du bist nicht müde.*
(O)	Yorgun değil.	*Er, sie, es ist nicht müde.*
(Biz)	Yorgun değiliz.	*Wir sind nicht müde.*
(Siz)	Yorgun değilsiniz.	*Ihr seid / Sie sind nicht müde.*
(Onlar)	Yorgun değil(ler).	*Sie sind nicht müde.*

Türk değilim. „Ich bin kein Türke / keine Türkin."

zu 7 – 10

„Auch" lautet im Türkischen *de* oder *da* und wird immer seinem Bezugswort nachgestellt und nicht betont. Verwenden Sie es vorläufig nur mit den vorgegebenen Begriffen. Die Regel dafür kommt in Lektion 5.

İKİNCİ DERS

ÜBUNGEN

4-5

1 Kreisen Sie das Wort ein, das Sie hören.

1. al   el
2. bal   bel
3. kal   kel
4. dal   del
5. sal   sel
6. hala hele
7. laka leke

2 Die vierförmigen Personalsuffixe:
Hören Sie zu und sprechen Sie nach.

İyi*yim*.	Kötü*yüm*.
İyi*sin*.	Kötü*sün*.
İyi.	Kötü.
İyi*yiz*.	Kötü*yüz*.
İyi*siniz*.	Kötü*sünüz*.
İyi(ler).	Kötü(ler).
Hasta*yım*.	Yorgun*um*.
Hasta*sın*.	Yorgun*sun*.
Hasta.	Yorgun.
Hasta*yız*.	Yorgun*uz*.
Hasta*sınız*.	Yorgun*sunuz*.
Hasta(lar).	Yorgun(lar).

3 Verbinden Sie.

1. yorgun   a. İyi akşamlar.
2. fena değil   b. yorgun değil
3. hasta   c. iyice
4. Teşekkür ederim. ç. kötü
5. İyi geceler.   d. Sağ olun.

4 Füllen Sie aus.

① Çok hasta.

② Nasılsınız, Ali Bey?

③ Sağ ol. Biraz yorgunum.

④ Merhaba Ali! Nasılsın?

Nasılsın? ● Sağ olun, iyiyim.
Şöyle böyle. ● Eşiniz nasıl?

İKİNCİ DERS

ÜBUNGEN 2

5 Welche Antwort passt?

1. Nasılsınız?
   - a. İyi akşamlar.
   - b. Memnun oldum.
   - c. İyiyim.

2. Nasılsın?
   - a. Çok kötüyüm.
   - b. Merhaba.
   - c. Tanıştırayım.

3. Eşiniz nasıl?
   - a. Hoşça kal.
   - b. Bir şey değil.
   - c. Biraz hasta.

4. Bu ne?
   - a. Bilgisayar.
   - b. Sağ ol.
   - c. Şöyle böyle.

6 Was passt nicht?

1.
   - a. İyi geceler.
   - b. Günaydın.
   - c. Fena değil.

2.
   - a. Teşekkür ederim.
   - b. Sağ olun.
   - c. Affedersin.

3.
   - a. Yorgunum.
   - b. Bilmiyorum.
   - c. İyiceyim.

4.
   - a. Sağ ol.
   - b. İyi değil.
   - c. Kötü.

7 Die Sätze des Dialogs sind durcheinandergeraten. Ordnen Sie sie.

- ● Markus.
- ■ Merhaba Yusuf.
- ❑ Efendim?
- ■ Biraz yorgunum.
- …
- ■ Yusuf?
- ❑ Ben de bilmiyorum.
- ■ Memnun oldum, Markus Bey. Ben Gül.
- ❑ İyi günler Gül. Nasılsın?
- ■ Affedersiniz, sizin adınız ne?
- …
- ■ O kim?
- ● Ben de memnun oldum, Gül Hanım.

8 Wie lautet die Frage?

1. _____? Hastayım, Gül.
2. _____? Ayşe yorgun.
3. _____? Eşim iyi.
4. _____? Sağ olun, fena değilim.

9 Was sagen Sie, wenn …

1. Sie jemanden nach seinem Befinden fragen?
2. Sie Ihren Freund nach seinem Befinden fragen?
3. jemand gesagt hat: „Ich bin krank"?
4. jemand Sie nach Ihrem Befinden fragt?
5. Sie nach dem Befinden eines Ehepartners fragen?
6. Sie Ihren Freund nach dem Befinden seiner Mutter fragen?
7. Sie sich bei Ihrem Partner entschuldigen?
8. jemand Ihnen dankt?

ÜBUNGEN

10 Übersetzen Sie die folgenden Wörter und Sätze und tragen Sie sie ein.

1. Wie geht es Ihnen?
2. Computer
3. Ihr Ehepartner
4. Wie geht es dir?
5. gut
6. krank
7. Es geht mir gut.
8. wie
9. nein
10. Ich bin müde.
11. Es geht uns schlecht.

11 Welche Antwort passt zu welcher Frage?

1. Nasılsınız Evelyn Hanım?
2. Anneniz nasıl?
3. Fatma nasıl?
4. O kim?
5. Nasılsın Suzan?
6. Bilgisayar Almanca ne demek?
7. Ne? Bilmiyor musunuz?
8. Bu ne?

a. Evet, bilmiyorum.
b. Uwe Bey.
c. Sağ olun, iyiyim. Siz nasılsınız?
ç. Çok yorgun.
d. Sandviç.
e. Annem hasta.
f. Computer demek.
g. Şöyle böyle, Uta. Ya sen?

12 Vervollständigen Sie die Dialoge.

1.
- İyi _____, Uwe _____.
- _____, Ayşe Hanım. _____?
- Sağ _____, yorgunum. Siz _____.
- Teşekkür _____. Ben de _____.

2.
- Merhaba, Ali. _____?
- Teşekkür ederim, fena _____. Sen _____?
- Şöyle _____.
- Baban _____?
- Babam hasta.
- Geçmiş _____.
- Sağ ol.

3.
- İyi günler, Fatma.
- _____, Pınar. _____?
- Biraz _____.
- _____ olsun.
- Teşekkür ederim.
...
- O _____?
- Ben de _____.

İKİNCİ DERS

ÜBUNGEN

4.
- ■ Uwe Bey!
- ❏ Efendim?
- ■ "Nasılsınız?" Almanca ne _____ ?
- ❏ Ne? _____?
- ■ Hayır, _____.
- ❏ Çok _____ ! _____ demek.

13 Hörverständnisübung

Hören Sie nun, wie drei Personen sich begrüßen und nach ihrem Befinden fragen. Lesen Sie folgende Lösungen und hören Sie sich den Dialog ein- oder zweimal an. Kreuzen Sie dann die richtige Antwort an.

1. Suzan
   - ▪ a. şöyle böyle.
   - ▪ b. iyice.
   - ▪ c. fena değil.

2. Ali
   - ▪ a. çok iyi.
   - ▪ b. biraz hasta.
   - ▪ c. eh… şöyle böyle.

3. Kerstin
   - ▪ a. yorgun.
   - ▪ b. iyi değil.
   - ▪ c. iyi.

ALMAN MISINIZ?
SIND SIE DEUTSCHE(R)?

ERLÄUTERUNGEN ZUM SPRACHGEBRAUCH UND ZUR LANDESKUNDE

zu 13

Auf die Frage *Nerelisiniz?* „Woher stammen Sie?" bzw. *Nerelisin?* „Woher stammst du?" kann man wie im Deutschen seine Nationalität oder auch seinen Herkunftsort angeben.

Uwe Bey, nerelisiniz? – Almanım, Hannoverliyim.

Ürgüp liegt südöstlich von *Ankara* und ist bekannt für seine Höhlenkirchen, -wohnungen und -speicher aus byzantinischer Zeit.

ERLÄUTERUNGEN ZUR GRAMMATIK

zu 3 – 5
Die Fragepartikel: *mi*?
Soru eki: mi?

Wenn der türkische Fragesatz kein Fragewort wie z. B. *ne* „was" oder *kim* „wer" enthält, bildet man die Frage mit der vierförmigen Fragepartikel *mi, mü, mı, mu,* die nachgestellt und nicht betont wird. Welche Variante dieser Fragepartikel verwendet wird, richtet sich im Regelfall nach dem letzten Vokal des vorhergehenden Wortes.

Der letzte Vokal eines Wortes ist			
e oder **i**	**ö** oder **ü**	**a** oder **ı**	**o** oder **u**
mi	*mü*	*mı*	*mu*
Ivonna Çek **mi**?	Uwe profesör **mü**?	Steffi Alman **mı**?	María İspanyol **mu**?
John İngiliz **mi**?	Ayşe Türk **mü**?	Nicole Fransız **mı**?	Ivan Rus **mu**?

ERLÄUTERUNGEN ZUR GRAMMATIK

zu 7 – 8
Noch einmal: Die Personalsuffixe

Hier noch einige Beispiele mit den Personalsuffixen, die Ihnen schon aus Lektion 2 bekannt sind:

| | Der letzte Vokal eines Wortes ist | | | |
	e oder i	ö oder ü	a oder ı	o oder u
	Çek	*profesör*	*Alman*	*İspanyol*
(Ben)	Çek**im**.	Profesör**üm**.	Alman**ım**.	İspanyol**um**.
(Sen)	Çek**sin**.	Profesör**sün**.	Alman**sın**.	İspanyol**sun**.
(O)	Çek.	Profesör.	Alman.	İspanyol.
(Biz)	Çek**iz**.	Profesör**üz**.	Alman**ız**.	İspanyol**uz**.
(Siz)	Çek**siniz**.	Profesör**sünüz**.	Alman**sınız**.	İspanyol**sunuz**.
(Onlar)	Çek(ler).	Profesör(ler).	Alman(lar).	İspanyol(lar).
	İsviçreli	*Türk*	*Fransız*	*Lüksemburglu*
(Ben)	İsviçreli**yim**.	Türk**üm**.	Fransız**ım**.	Lüksemburglu**yum**.
(Sen)	İsviçreli**sin**.	Türk**sün**.	Fransız**sın**.	Lüksemburglu**sun**.
(O)	İsviçreli.	Türk.	Fransız.	Lüksemburglu.
(Biz)	İsviçreli**yiz**.	Türk**üz**.	Fransız**ız**.	Lüksemburglu**yuz**.
(Siz)	İsviçreli**siniz**.	Türk**sünüz**.	Fransız**sınız**.	Lüksemburglu**sunuz**.
(Onlar)	İsviçreli(ler).	Türk(ler).	Fransız(lar).	Lüksemburglu(lar).

ERLÄUTERUNGEN ZUR GRAMMATIK

zu 7 – 13
Die vierförmige Fragepartikel „mi" in Verbindung mit den Personalsuffixen

Die Personalsuffixe werden an die Fragepartikel *mi* angehängt.

	Der letzte Vokal eines Wortes ist			
	e oder **i**	**ö** oder **ü**	**a** oder **ı**	**o** oder **u**
(Ben)	Çek miyim?	Profesör müyüm?	Alman mıyım?	İspanyol muyum?
(Sen)	Çek misin?	Profesör müsün?	Alman mısın?	İspanyol musun?
(O)	Çek mi?	Profesör mü?	Alman mı?	İspanyol mu?
(Biz)	Çek miyiz?	Profesör müyüz?	Alman mıyız?	İspanyol muyuz?
(Siz)	Çek misiniz?	Profesör müsünüz?	Alman mısınız?	İspanyol musunuz?
(Onlar)	Çek(ler) mi?	Profesör mü? Profesörler mi?	Alman(lar) mı?	İspanyol mu? İspanyollar mı?
(Ben)	İsviçreli miyim?	Türk müyüm?	Fransız mıyım?	Lüksemburglu muyum?
(Sen)	İsviçreli misin?	Türk müsün?	Fransız mısın?	Lüksemburglu musun?
(O)	İsviçreli mi?	Türk mü?	Fransız mı?	Lüksemburglu mu?
(Biz)	İsviçreli miyiz?	Türk müyüz?	Fransız mıyız?	Lüksemburglu muyuz?
(Siz)	İsviçreli misiniz?	Türk müsünüz?	Fransız mısınız?	Lüksemburglu musunuz?
(Onlar)	İsviçreli(ler) mi?	Türk mü? Türkler mi?	Fransız(lar) mı?	Lüksemburglu mu? Lüksemburglular mı?

Türk müsünüz? „Sind Sie Türke?"
Deniz Alman mı, Türk mü? „Ist Deniz Deutsche (oder) Türkin?"

ERLÄUTERUNGEN ZUR GRAMMATIK

zu 2 – 4 und 13 – 15
„-li" bei Herkunftsbezeichnungen
-li eki

Das vierförmige Suffix *-li* bildet Herkunftsbezeichnungen wie „Istanbuler" oder „Schweizer" bzw. „stammend aus Istanbul" oder „stammend aus der Schweiz".

Bei Herkunftsbezeichnungen, die Städte betreffen, wird immer *-li* verwendet. In den Fällen, wo im Deutschen das Suffix -er verwendet wird, um Nationalitätsbezeichnungen zu bilden, wird in den meisten Fällen im Türkischen *-li* verwendet.

Es gibt auch eine kleinere Gruppe von Nationalitätsbezeichnungen, die nicht mit *-li* gebildet werden und die einzeln gelernt werden müssen. Eine Reihe davon haben wir in dieser Lektion gesehen.

Der letzte Vokal eines Wortes ist			
e oder i	**ö oder ü**	**a oder ı**	**o oder u**
-li	**-lü**	**-lı**	**-lu**
Menemen**li**	Bingöl**lü**	Stuttgart**lı**	Trabzon**lu**
Berlin**li**	Ürgüp**lü**	Ayvalık**lı**	İstanbul**lu**
Edirne**li**	Malmö**lü**	Ankara**lı**	Oslo**lu**
Dikili**li**	Uzunköprü**lü**	Çankırı**lı**	Bolu**lu**

Nereli?	„Woher ist er? / Woher kommt er?"
Bonnlu.	„Er ist aus Bonn."
Nerelisin?	„Woher bist du? / Woher kommst du?"
Parisliyim.	„Ich bin aus Paris."
Nerelisiniz?	„Woher seid ihr? / Woher kommt ihr? / Woher sind Sie? / Woher kommen Sie?"
Münihliyim.	„Ich bin aus München."
Ankaralıyız.	„Wir sind aus Ankara."
Nereli? / Nereliler?	„Woher sind sie? / Woher kommen sie?"
Ürgüplü. / Ürgüplüler.	„Sie sind aus Ürgüp."

ÜBUNGEN 3

1 Kreisen Sie das Wort ein, das Sie hören.

1. zor   sor
2. zar   sar
3. az   as
4. baz   bas
5. boz   bos
6. kız   kıs
7. siz   sis
8. zeki   seki

2 Die vierförmige Fragepartikel *mi*:
Hören Sie zu und sprechen Sie nach.

İngiliz *mi*?   İnegöl *mü*?
Çek *mi*?   Türk *mü*?
İsviçre *mi*?   Profesör *mü*?
Taksi *mi*?   Kötü *mü*?

İtalyan *mı*?   İspanyol *mu*?
Fransız *mı*?   Rus *mu*?
Alman *mı*?   Japon *mu*?
Bilgisayar *mı*?   Yorgun *mu*?

İngiliz *misiniz*?   Profesör *müsünüz*?
Çek *misiniz*?   Türk *müsünüz*?
İsviçreli *misiniz*?   Ürdünlü *müsünüz*?
İyi *misiniz*?   Kötü *müsünüz*?

İtalyan *mısınız*?   İspanyol *musunuz*?
Fransız *mısınız*?   Rus *musunuz*?
Alman *mısınız*?   Japon *musunuz*?
Hasta *mısınız*?   Yorgun *musunuz*?

3 Das vierförmige Suffix *-li*:
Hören Sie zu und sprechen Sie nach.

Berlin*li*   Brühl*lü*
Edirne*li*   Ürgüp*lü*
Zürih*li*   Köln*lü*
Dikili*li*   Bingöl*lü*

Bursa*lı*   Bolu*lu*
Viyana*lı*   Trabzon*lu*
Çankırı*lı*   Hamburg*lu*
Ayvalık*lı*   Oslo*lu*

4 Welche Wörter sind die gleichen?
Verbinden Sie.

1. kafeterya   a. Regisseur
2. pansiyon   b. positiv
3. rejisör   c. Schokolade
4. şef   ç. Fährboot
5. trençkot   d. Garderobe
6. inisiyatif   e. Pension
7. gardırop   f. Cafeteria
8. pozitif   g. Chef
9. feribot   h. Initiative
10. çikolata   ı. Trenchcoat

5 Setzen Sie die passende Fragepartikel ein.

mi? / mü? / mı? / mu?

1. Urs İsviçreli _____?
2. Mario İtalyan _____?
3. Ivan Rus _____?
4. Simone Japon _____?
5. Yusuf Türk _____?
6. Adınız Timur değil _____?
7. Efendim? Pınar _____?

ÜBUNGEN

6 Welche Antwort passt?

1. Nasılsın?
   - a. İyi akşamlar.
   - b. İyiyim.
   - c. Münihliyim.

2. Ali Bey siz misiniz?
   - a. Sağ olun.
   - b. İspanyol.
   - c. Benim.

3. Türk müsün?
   - a. Bonnluyum.
   - b. Affedersiniz.
   - c. Hayır, Almanım.

4. Affedersin, sen Heike misin?
   - a. Hoşça kalın.
   - b. Benim adım Heike değil, Gül.
   - c. Günaydın.

7 Was passt nicht?

1.
   - a. Alman mısın?
   - b. Türk müsün?
   - c. Bonnlu musun?
   - ç. İtalyan mısın?

2.
   - a. Nasılsın?
   - b. Nerelisin?
   - c. İyi misin?
   - ç. İyi değil misin?

3.
   - a. Japon
   - b. Alman
   - c. Avusturyalı
   - ç. İstanbullu

4.
   - a. Kölnlüyüz.
   - b. Münihlisin.
   - c. Stuttgartlı.
   - ç. Japonsunuz.

8 Setzen Sie die passende Frage ein.

Bu kim? / Nerelisiniz? / Nereli?

1. *Ali Bey nereli?* Ali Bey İzmirli.
2. _____? Ürgüplüyüz.
3. _____? Berlinliyim.
4. _____? Hakan Bey.
5. _____? Yusuf Antalyalı.
6. _____? İstanbulluyuz.
7. _____? Steffi Brühllü.
8. _____? Ayşe Hanım.

9 Übersetzen Sie die folgenden Wörter und Sätze und tragen Sie sie ein.

1. nein
2. Ich bin's nicht.
3. Wer?
4. Wie geht es Ihnen?
5. Ich bin aus İzmir.
6. Schweizer
7. Woher sind Sie?
8. du
9. Er ist aus Köln.
10. Was?

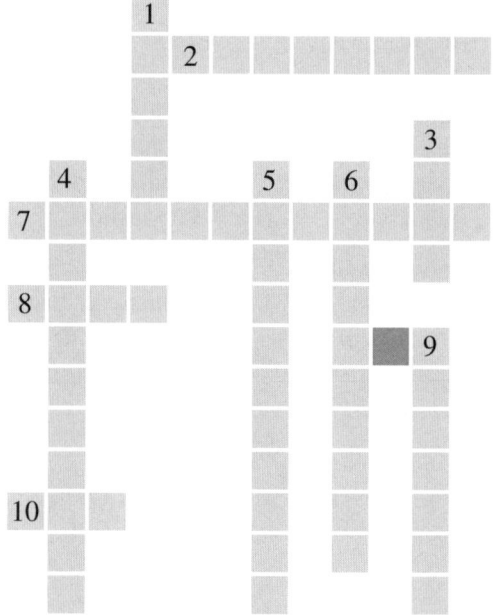

ÜÇÜNCÜ DERS

ÜBUNGEN

10 **Die Sätze des Dialogs sind durcheinander geraten.** Ordnen Sie sie.

- İyi akşamlar. Adım Paul.
- Ben İsviçreliyim. Kölnlü müsünüz?
- Hayır, Kölnlü değilim. Stuttgartlıyım.
- Ben de memnun oldum. Alman mısınız?
- Evet, Almanım. Ya siz?
- Merhaba. Benim adım Heidi.
- Memnun oldum.

11 Hörverständnisübung

Hören Sie nun, wie drei Personen erzählen, woher sie stammen. Lesen Sie folgende Fragen und hören Sie sich den Dialog ein- oder zweimal an. Kreuzen Sie dann die richtige Antwort an.

1. Ali nereli?
   a. Bursalı.
   b. İstanbullu.
   c. Bolulu.

2. Sümbül Hanım nereli?
   a. İnegöllü.
   b. Bingöllü.
   c. Ürgüplü.

3. Sevim nereli?
   a. İzmirli.
   b. İzmitli.
   c. Rizeli.

ÜÇÜNCÜ DERS

ATATÜRK BULVARI 45a
ATATÜRK BOULEVARD 45a

ERLÄUTERUNGEN ZUM SPRACHGEBRAUCH UND ZUR LANDESKUNDE

zu 6

Im Gegensatz zum Deutschen sagt man nicht „einhundert" oder „eintausend", sondern einfach *yüz* „hundert" und *bin* „tausend".
Jahreszahlen wie 1997 lauten wie normale tausender Zahlen, also *bin dokuz yüz doksan yedi*.

zu 8 – 10

Die Telefonnummern werden in der Regel wie im Deutschen paarweise gelesen.

ERLÄUTERUNGEN ZUR GRAMMATIK

zu 8 – 13
var **und** *yok*

Die Grundbedeutung des Begriffes *var* ist „existent" und des Begriffes *yok* ist „nicht existent". Ein Satz wie *Burada telefon var mı?* bedeutet im Deutschen „Gibt es hier (ein) Telefon?", *Burada telefon yok mu?* dagegen „Gibt es hier kein Telefon?".

Nach dem Fragewort *kaç* steht das Bezugswort im Singular. Auch nach Zahlwörtern wird das Bezugswort in der Regel im Singular verwendet.

Kaç çanta? „Wie viele Taschen?" – *Bir çanta var.* „Es gibt eine Tasche."
 – *Dört çanta var.* „Es gibt vier Taschen."

Die Possessivsuffixe
İyelik ekleri

Außer Possessivpronomen wie *benim* „mein", *senin* „dein" usw. kennt das Türkische auch Possessivsuffixe. Die Possessivsuffixe kennzeichnen ebenfalls, wem was gehört und werden betont. Die Possessivpronomen werden in Verbindung mit den Possessivsuffixen zur Hervorhebung oder im Kontrast gebraucht.

Adım Timur. Sizin adınız ne? – Benim adım Suzan.
adresim / benim adresim „meine Anschrift"

ERLÄUTERUNGEN ZUR GRAMMATIK 4

Die Possessivsuffixe lauten folgendermaßen:

1. Das Bezugswort endet auf einen Vokal

Possessivpronomen		Possessivsuffixe			
benim	*mein*	-m	-m	-m	-m
senin	*dein*	-n	-n	-n	-n
onun	*sein / ihr*	-si	-sü	-sı	-su
bizim	*unser*	-miz	-müz	-mız	-muz
sizin	*euer / Ihr*	-niz	-nüz	-nız	-nuz
onların	*ihr*	-si / -leri	-sü / -leri	-sı / -ları	-su / -ları

2. Das Bezugswort endet auf einen Konsonanten

Possessivpronomen		Possessivsuffixe			
benim	*mein*	-im	-üm	-ım	-um
senin	*dein*	-in	-ün	-ın	-un
onun	*sein / ihr*	-i	-ü	-ı	-u
bizim	*unser*	-imiz	-ümüz	-ımız	-umuz
sizin	*euer / Ihr*	-iniz	-ünüz	-ınız	-unuz
onların	*ihr*	-i / -leri	-ü / -leri	-ı / -ları	-u / -ları

Das sieht dann in der Praxis so aus:

	Der letzte Vokal eines Wortes ist			
	e oder **i**	**ö** oder **ü**	**a** oder **ı**	**o** oder **u**
	anne	*enstitü* „Institut"	*baba*	*radyo*
benim	anne**m**	enstitü**m**	baba**m**	radyo**m**
senin	anne**n**	enstitü**n**	baba**n**	radyo**n**
onun	anne**si**	enstitü**sü**	baba**sı**	radyo**su**
bizim	anne**miz**	enstitü**müz**	baba**mız**	radyo**muz**
sizin	anne**niz**	enstitü**nüz**	baba**nız**	radyo**nuz**
onların	anne**si**	enstitü**sü**	baba**sı**	radyo**su**
	anne**leri**	enstitü**leri**	baba**ları**	radyo**ları**

DÖRDÜNCÜ DERS

ERLÄUTERUNGEN ZUR GRAMMATIK

	Der letzte Vokal eines Wortes ist			
	e oder **i**	**ö** oder **ü**	**a** oder **ı**	**o** oder **u**
	adres	*likör* „Likör"	*kız*	*telefon*
benim	adres**im**	likör**üm**	kız**ım**	telefon**um**
senin	adres**in**	likör**ün**	kız**ın**	telefon**un**
onun	adres**i**	likör**ü**	kız**ı**	telefon**u**
bizim	adres**imiz**	likör**ümüz**	kız**ımız**	telefon**umuz**
sizin	adres**iniz**	likör**ünüz**	kız**ınız**	telefon**unuz**
onların	adres**i**	likör**ü**	kız**ı**	telefon**u**
	adres**leri**	likör**leri**	kız**ları**	telefon**ları**

Adresiniz? „Ihre Anschrift?" – Adresim: Kantstr. 4b, 10623 Berlin.

In der 1. und 2. Person Singular und Plural wird manchmal das Possessivsuffix weggelassen; die deutsche Übersetzung ist gleich.

benim bilgisayarım / benim bilgisayar „mein Computer"
Bu bizim ev. / Bu bizim evimiz. „Das ist unser Haus."

Die 3. Person Plural hat zwei Varianten. Dazu in Lektion 8 mehr.

Dem Türkischen fehlt das Vollverb „haben". Einem deutschen Satz wie „Ich habe Telefon" entspricht im Türkischen das Wort *telefon* einschließlich des entsprechenden Possessivsuffixes, also *telefonum* zuzüglich des Wortes *var*: *Telefonum var.*
„Ich habe kein Telefon" entspricht im Türkischen das Wort *telefon* einschließlich des entsprechenden Possessivsuffixes, also *telefonum* zuzüglich des Wortes *yok*: *Telefonum yok.*

| *Telefonun* | *var mı?* | *(Telefonum)* | *Var.* |
| *Telefonunuz* | | | *Yok.* |

zu 12
Çocuğunuz var mı?

Türkische Substantive (mit Ausnahme der Eigennamen) stehen grundsätzlich für die Gattung und sagen über die Anzahl nichts aus. So kann die Frage *Çocuğunuz var mı?* sowohl mit „Haben Sie ein Kind?" als auch mit „Haben Sie Kinder?" übersetzt werden. Bei Fragen wie „Haben Sie Kinder?" „Haben Sie Geschwister?" braucht man im Türkischen keine Pluralform.

Das Wort *çocuk* hat übrigens eine lautliche Besonderheit. Wird ein Suffix angefügt, das mit einem Vokal beginnt, wird das *k* am Ende des Wortes zu *ğ*. Diese lautliche Besonderheit kommt bei vielen, aber nicht allen Wörtern im Türkischen, die auf ein *k* enden, vor. Ab dieser Lektion werden Sie in der Wortliste folgendermaßen darauf hingewiesen: *çocuk, -uğu, yolculuk, -uğu*. Auch in guten Wörterbüchern werden Sie diesen Hinweis so finden oder auch so: *-ğu / (çocuğu)*.

ERLÄUTERUNGEN ZUR GRAMMATIK

zu 12
Der Zirkumflex
Düzeltme imi

Im Türkischen werden die Konsonanten *g, k* und *l* vor und nach *vorderen* Vokalen (also e, i, ö, ü) ebenfalls im Mund vorn artikuliert, vor und nach *hinteren* Vokalen (also a, ı, o, u) hinten. (Sprechen Sie „Kuh" und „Kind" vor sich hin, und Sie werden merken, dass das im Deutschen für k auch gilt.)
Es gibt im Türkischen jedoch eine ganze Reihe von Fremdwörtern, die ihre ursprüngliche Aussprache beibehalten haben. In dieser Lektion finden Sie das Wort *bekâr* „ledig". Der Zirkumflex auf dem *a* soll darauf hinweisen, dass das *k* trotz des folgenden hinteren Lautes *a* vorn zu artikulieren ist.
Der Zirkumflex wird auch nach *g* und *l* gebraucht und zeigt manchmal gleichzeitig an, dass der folgende Vokal lang zu sprechen ist. Bei einigen wenigen Fremdwörtern zeigt er nur Länge von Vokalen an. In der Wortschatzliste sind solche Wörter durch Unterstreichen der entsprechenden Buchstaben oder Silben gekennzeichnet.
Da sich die türkische Rechtschreibung in den letzten Jahrzehnten öfters geändert hat, kann es sein, dass Sie ein bestimmtes Wort in einem Text mit und in einem anderen Text ohne Zirkumflex finden.

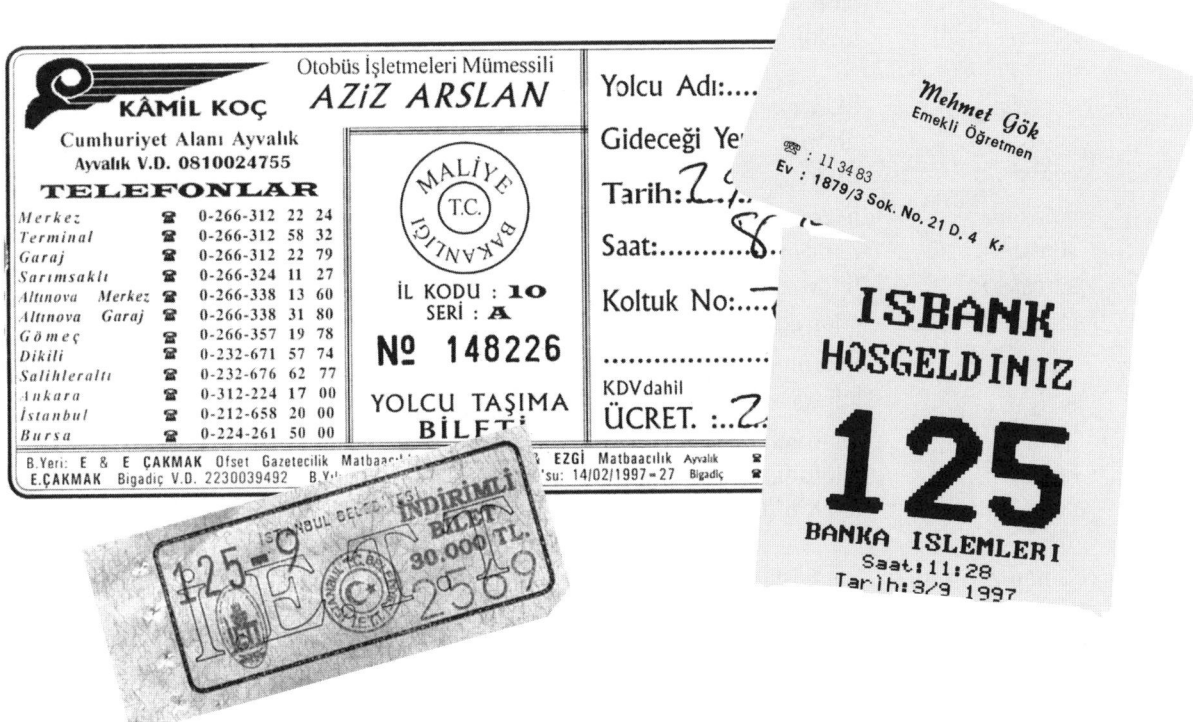

ÜBUNGEN 4

1 Kreisen Sie die Zahlen ein, die Sie hören. (11-12)

1. 17 / 71
2. 23 / 32
3. 38 / 83
4. 42 / 24
5. 54 / 45
6. 63 / 36
7. 75 / 57
8. 87 / 78
9. 91 / 19

2 Die Possessivsuffixe: Hören Sie zu und sprechen Sie nach.

a. annem / ennen / annesi / annemiz / anneniz / anneleri
   enstitüm / enstitün / enstitüsü / enstitümüz / enstitünüz / enstitüleri
   odam / odan / odası / odamız / odanız / odaları
   tablom / tablon / tablosu / tablomuz / tablonuz / tabloları

b. adresim / adresin / adresi / adresimiz / adresiniz / adresleri
   likörüm / likörün / likörü / likörümüz / likörünüz / likörleri
   kızım / kızın / kızı / kızımız / kızınız / kızları
   telefonum / telefonun / telefonu / telefonumuz / telefonunuz / telefonları

c. Çantanız var mı? / Kızınız var mı? / Çantan var mı? / Kızın var mı?
   Enstitünüz nasıl? / Telefonunuz var mı? / Enstitün nasıl? / Telefonun var mı?

3 Vervollständigen Sie.

1. Bir + beş = _alt_
2. Dört + üç = _____
3. Dokuz + yedi = _____
4. 12 − 8 = dört
5. 9 − 6 = _____
6. 19 − 7 = _____
7. 18 : 6 = üç
8. 21 : 3 = _____
9. 36 : 4 = _____
10. 4 x 4 = on altı
11. 5 x 22 = _____
12. 17 x 3 = _____
13. Sekiz + _____ = on bir
14. _____ + beş = dokuz
15. On iki + _____ = on beş

4 Was passt nicht?

1.
   a. Çantan var mı?
   b. Kızın var mı?
   c. Çocuğun var mı?

2.
   a. İyi yolculuklar.
   b. Sağ olun.
   c. Güle güle.

3.
   a. Kaç fincan?
   b. Kaç şişe?
   c. Numarası kaç?

4.
   a. 312 Ankara
   b. 212 İstanbul
   c. 0090 Türkiye

5.
   a. İki uçak.
   b. Üç kız.
   c. İki otobüs.

6.
   a. Dört çanta.
   b. Beş anahtar.
   c. Altı hanım.

ÜBUNGEN 4

5 Welche Antwort passt zu welcher Frage?

1. Televizyonunuz var mı?
2. Adresiniz?
3. Kaç çanta?
4. Telefon numarası 73 25 81 mi?
5. Nerelisiniz?
6. Kim? Songül mü?
7. Çocuğunuz var mı?
8. Telefonunuz yok mu?

a. İstanbulluyum.
b. Evet o.
c. Bir kızım var.
ç. Evet, var.
d. Var, numarası 613 74 29.
e. Atatürk Bulvarı 12c.
f. Evet, öyle.
g. Üç.

6 Was ist auf dem Bild zu sehen?

1. *İki çanta var.*
2. _____
3. _____
4. _____
5. _____
6. _____
7. _____

DÖRDÜNCÜ DERS

ÜBUNGEN

7 Wie lautet die Frage?

1. _____? Dört çanta.
2. _____? Evet, telefonum var.
3. _____? Numarası 795 03 81.
4. _____? Bu Ali Bey.
5. _____? Stuttgartlıyım.
6. _____? Buyurun, kartvizitim.
7. _____? Evet, Uwe.

8 Übersetzen Sie die folgenden Wörter und Sätze und tragen Sie sie ein.

1. fünf
2. was
3. Arbeit
4. sieben
5. achtzig
6. Sie haben Recht.
7. Ihre Adresse
8. zwei
9. wie viel
10. wer
11. Wasser
12. drei
13. fünfzig
14. Brot

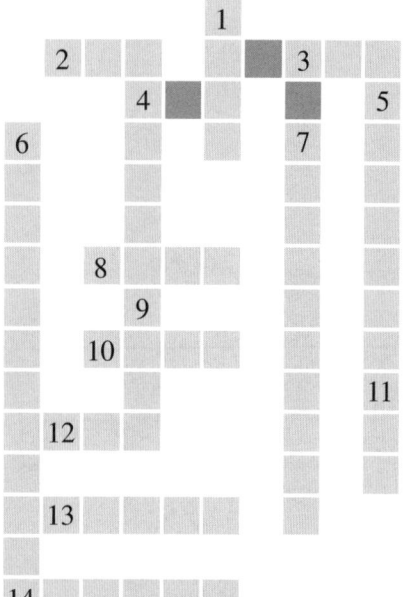

9 Die Sätze des Dialogs sind durcheinandergeraten. Ordnen Sie sie.

- ■ Affedersiniz, numaranız yedi mi?
- ❏ Memnun oldum. Benim adım Sevim. Ben İzmirliyim.
- ■ Burası benim yerim.
- ❏ Haklısınız, buyurun.
- ■ Ben de memnun oldum.
- ❏ Hayır, sekiz.
- ■ Adım Elif, İstanbulluyum.

10 Hörverständnisübung

Lesen Sie folgende Lösungen und hören Sie sich den Dialog im Hotel ein- oder zweimal an. Kreuzen Sie dann die richtige Zimmernummer an.

1. Gönül Hanım, oda numarası
   a. 207
   b. 208
   c. 802

2. Güngör Bey, oda numarası
   a. 307
   b. 703
   c. 713

3. Pınar Hanım, oda numarası
   a. 427
   b. 724
   c. 274

4. Yusuf Bey, oda numarası
   a. 39
   b. 309
   c. 349

DÖRDÜNCÜ DERS

BERLİN'DE OTURUYORUM
ICH WOHNE IN BERLIN

ERLÄUTERUNGEN ZUM SPRACHGEBRAUCH UND ZUR LANDESKUNDE

zu 1
Es gibt zwar in der Türkei Postleitzahlen, aber viele Leute geben ihre Anschrift ohne diese an.

ERLÄUTERUNGEN ZUR GRAMMATIK

Wie Sie aus Lektion 2 schon wissen, kennt Türkisch neben vierförmigen auch zweiförmige Suffixe, deren Vokal *e* oder *a* ist. In dieser Lektion wird Ihnen gezeigt, nach welchen Vokalen die *e*-Variante und nach welchen Vokalen die *a*-Variante auftritt.

ab 1
Der Lokativ
Bulunma durumu

Zur Antwort auf die Frage *Nerede?* „Wo?" bzw. *Kimde?* „Bei wem?" dient im Türkischen das Suffix **-de** bzw. **-da**. Das entspricht im Deutschen verschiedenen Präpositionen wie „in, an, auf, bei, zu". Dieses Suffix ist zweiförmig und richtet sich nach dem Vokal der letzten Silbe des Wortes, an das es angefügt wird:

Der letzte Vokal eines Wortes ist **e** oder **i** oder **ö** oder **ü**		Der letzte Vokal eines Wortes ist **a** oder **ı** oder **o** oder **u**	
ev**de**	*zu Hause*	Almanya'**da**	*in Deutschland*
İzmir'**de**	*in İzmir*	Çankırı'**da**	*in Çankırı*
Malmö'**de**	*in Malmö*	doktor**da**	*beim Arzt*
Brühl'**de**	*in Brühl*	okul**da**	*in der Schule*
Ayşe'**de**	*bei Ayşe*	Pınar'**da**	*bei Pınar*

ERLÄUTERUNGEN ZUR GRAMMATIK

Hans Türkiye'de.	„Hans ist in der Türkei."
Doktordayım.	„Ich bin beim Arzt."
Ayşe üniversitede çalışıyor.	„Ayşe arbeitet an der Universität."
Annem bu resimde yok.	„Meine Mutter ist nicht auf diesem Bild."
Ayşe'de telefon numarası var.	„Ayşe hat seine Telefonnummer."

Wird dieses Suffix an ein Wort angefügt, das auf einen stimmlosen Konsonanten ausgeht, wird **-de** zu **-te** und **-da** zu **-ta**. Die stimmlosen Konsonanten sind *ç, f, h, k, p, s, ş, t* und in den folgenden, Türkisch geschriebenen deutschen Wörtern enthalten: *hayfış* und *postkuçe*.

Ein türkischer Merkspruch ist: *Aşçı Fehmi pek hasta.*

İsveç'te (in Schweden), Düsseldorf'ta, Münih'te, Karabük'te, Sinop'ta, Markus'ta, işte, Frankfurt'ta

Das Lokativsuffix wird nach Eigennamen durch einen Apostroph getrennt.

ab 2
Das -yor-Präsens
Şimdiki zaman

Das Präsens auf *-yor* drückt einen Sachverhalt im Verlauf aus. Dieser Verlauf kann momentan stattfinden wie *Berlin'de oturuyorum* „Ich wohne in Berlin" oder eine generelle Realität sein wie *Sebastian iyi Türkçe konuşuyor* „Sebastian spricht gut Türkisch"; das bedeutet, dass Sebastian grundsätzlich gut türkisch spricht.

Zur Bildung: Die Grundform des türkischen Verbs endet auf **-mek / -mak**. Streicht man dieses Suffix, erhält man den Verbalstamm. Der Verbalstamm kann auf einen Vokal oder einen Konsonanten ausgehen.

1. Geht der Verbalstamm auf einen Konsonanten aus, wird *-iyor, -üyor, -ıyor* oder *-uyor* angefügt. Das richtet sich nach dem letzten Vokal davor:

gelmek „kommen"	*geliyor* „er kommt"	*görmek* „sehen"	*görüyor* „er sieht"
gülmek „lachen"	*gülüyor* „er lacht"	*sanmak* „glauben"	*sanıyor* „er glaubt"
bilmek „wissen"	*biliyor* „er weiß"	*sormak* „fragen"	*soruyor* „er fragt"

2. Geht der Verbalstamm jedoch auf einen der Vokale *i, ü, ı, u* aus, wird nur *-yor* angehängt:

okumak „lesen"   *okuyor* „er liest"

3. Etwas schwieriger wird es, wenn der Verbalstamm auf *e* oder *a* ausgeht:
Geht er auf *e* aus, dann wird das *e* zu *i*, wenn in der Silbe davor ein *e* oder *i* steht, oder wird zu *ü*, wenn in der Silbe davor ein *ö* oder *ü* steht:

istemek „wollen"	*istiyor* „er will"	*söylemek* „sagen"	*söylüyor* „er sagt"

ERLÄUTERUNGEN ZUR GRAMMATIK

Geht er auf *a* aus, wird das *a* zu *ı*, wenn in der Silbe davor ein *a* oder *ı* steht, oder wird zu *u*, wenn in der Silbe davor ein *o* oder *u* steht:
anlamak „verstehen"   *anlıyor* „er versteht"
oynamak „spielen"   *oynuyor* „er spielt"

Ein Lerntipp: Wenn es Ihnen zu schwierig ist, sich die Regeln für die vokalisch ausgehenden Verbalstämme zu merken, lassen Sie im Geiste den letzten Vokal weg und fügen Sie entsprechend der Vokalharmonie auch da -iyor, -üyor, -ıyor oder -uyor an. Das funktioniert immer bis auf zwei Verben, die bisher jedoch noch nicht dran waren.

Das Verneinungssuffix: *-me- /-ma-*
Olumsuzluk eki

Neben *değil* „nicht / kein" und *yok* „nicht existent" kennt Türkisch noch eine dritte Verneinungsart, die ausschließlich bei Verben vorkommt. Es ist das zweiförmige Verneinungsuffix -me- / -ma-, das zwischen dem Verbalstamm und -mek / -mak steht. Da der verneinte Verbalstamm immer auf *e* oder *a* endet, werden diese Vokale beim -yor-Präsens ebenfalls in *i / ü / ı* oder *u* überführt. Die Silbe vor der Verneinung trägt einen starken Ton.

gelmemek	„nicht kommen"	*gelmiyorum*	„ich komme nicht"
bilmemek	„nicht wissen"	*bilmiyorum*	„ich weiß nicht"
gülmemek	„nicht lachen"	*gülmüyorum*	„ich lache nicht"
anlamamak	„nicht verstehen"	*anlamıyorum*	„ich verstehe nicht"
okumamak	„nicht lesen"	*okumuyorum*	„ich lese nicht"

ERLÄUTERUNGEN ZUR GRAMMATIK

Die 3. Person Plural steht im Türkischen in der Singularform, wenn man sich das pluralische Subjekt als Kollektiv vorstellt, das etwas gemeinsam macht. Wenn man sich jedoch Einzelindividuen vorstellt, die jeder für sich etwas machen, verwendet man die längere Form:

Onlar Frankfurt'ta oturuyor. „Sie wohnen in Frankfurt." (kollektiv gedacht)
Onlar Frankfurt'ta oturuyorlar. „Sie wohnen in Frankfurt." (individuell gedacht)

	bejaht		*fragend*	
ben	biliyorum	*ich weiß*	biliyor muyum?	*weiß ich?*
sen	biliyorsun	*du weißt*	biliyor musun?	*weißt du?*
o	biliyor	*er, sie, es weiß*	biliyor mu?	*weiß er, sie, es?*
biz	biliyoruz	*wir wissen*	biliyor muyuz?	*wissen wir?*
siz	biliyorsunuz	*ihr wisst / Sie wissen*	biliyor musunuz?	*wisst ihr? / wissen Sie?*
onlar	biliyor(lar)	*sie wissen*	biliyor mu?	
			biliyorlar mı?	*wissen sie?*
	verneint		*fragend-verneint*	
ben	bilmiyorum	*ich weiß nicht*	bilmiyor muyum?	*weiß ich nicht?*
sen	bilmiyorsun	*du weißt nicht*	bilmiyor musun?	*weißt du nicht?*
o	bilmiyor	*er, sie, es weiß nicht*	bilmiyor mu?	*weiß er, sie, es nicht?*
biz	bilmiyoruz	*wir wissen nicht*	bilmiyor muyuz?	*wissen wir nicht?*
siz	bilmiyorsunuz	*ihr wisst nicht / Sie wissen nicht*	bilmiyor musunuz?	*wisst ihr nicht? / wissen Sie nicht?*
onlar	bilmiyor(lar)	*sie wissen nicht*	bilmiyor mu?	*wissen sie nicht?*
			bilmiyorlar mı?	

Eine vollständige Tabelle des *-yor*-Präsens finden Sie am Ende des Buches.

zu 11

Die Fragepartikel steht im Türkischen immer nach dem Wort, das erfragt wird. Dadurch wird das Bezugswort hervorgehoben. Im Deutschen läuft das über die Betonung.

Gudrun geliyor mu? „Kommt Gudrun?"
Gudrun mu geliyor? „Kommt <u>Gudrun</u>?"

ÜBUNGEN

14-17

1 Kreisen Sie das Wort ein, das Sie hören.

1. doğ — dol
2. boğ — bol
3. bağ — bal
4. ağa — ala
5. eğe — ele

2 Hören Sie zu und wiederholen Sie.

C cadde, ceviz, ciddi, cüce, can, caz
Ç çanta, çay, çiçek, çocuk, çöpçü, çünkü
J Japon, jambon, jandarma, jaluzi
Ş şablon, şaka, şalter, şalvar, şans
Z zam, zaman, zamk, zeytin, zincir
S sabun, sapan, saman, sanmak,
Ğ Çiğdem, değil, yiğit, Tuğrul, Uğur

3 Das zweiförmige Lokativsuffix -de: Hören Sie zu und sprechen Sie nach.

a. ev*de*   Almanya'*da*
    Berlin'*de*   Çankırı'*da*
    Malmö'*de*   doktor*da*
    Brühl'*de*   okul*da*
    Martin'*de*   Pınar'*da*

    İsveç'*te*   Düsseldorf'*ta*
    Münih'*te*   park*ta*
    Zürih'*te*   Sinop'*ta*
    iş*te*   Markus'*ta*
        Frankfurt'*ta*

b. Nerede?   Doktor*dayım*.
        Doktor*dayız*.
        Park*tayım*.
        Park*tayız*.

4 Das -*yor*-Präsens. Hören Sie zu und sprechen Sie nach.

gel*iyorum*   gül*üyorum*
gel*iyorsun*   gül*üyorsun*
gel*iyor*   gül*üyor*
gel*iyoruz*   gül*üyoruz*
gel*iyorsunuz*   gül*üyorsunuz*
gel*iyorlar*   gül*üyorlar*

anl*ıyorum*   otur*uyorum*
anl*ıyorsun*   otur*uyorsun*
anl*ıyor*   otur*uyor*
anl*ıyoruz*   otur*uyoruz*
anl*ıyorsunuz*   otur*uyorsunuz*
anl*ıyorlar*   otur*uyorlar*

Geliyor musunuz?   Gülüyor musunuz?
Gelmiyor musunuz?   Gülmüyor musunuz?
Anlıyor musunuz?   Oturuyor musunuz?
Anlamıyor musunuz?   Oturmuyor musunuz?

5 Vervollständigen Sie die Dialoge.

1.
■ Ayşe _____, biliyor _____?
❑ _____? Ayşe mi?
■ Evet, Ayşe.
❑ Ayşe İstanbul'_____.

2.
■ _____ oturuyorsun?
❑ Berlin'_____, Lacknerstraße'_____.
■ Kaç _____?
❑ 4 numarada.

BEŞİNCİ DERS

ÜBUNGEN

3.
- ■ _____?
- ❏ Ankaralıyım, şimdi Frankfurt'_____ oturuyorum. Ya siz nerede _____?
- ■ Ben Münih'_____.

4.
- ■ Nerede _____?
- ❏ Bir büro_____ çalışıyorum.
- ■ Sekreter _____?
- ❏ Evet.

6 Was passt nicht?

1.
- a. İki numarada.
- b. Büroda.
- c. Gülüyor.

2.
- a. Evde çalışıyor.
- b. Gelmiyor.
- c. Bir şey değil.

3.
- a. Çay içiyor.
- b. Adresi bende var.
- c. Telefonum yok.

4.
- a. Nerede oturuyorsun?
- b. Nasılsın?
- c. İyi misiniz?

7 Welche Antwort passt zu welcher Frage?

1. Nerede oturuyorsun?
2. Barbara Türkçe öğreniyor mu?
3. İşçi misiniz?
4. Uta Hanım nerede çalışıyor?
5. Nerelisin?
6. Uwe Bey nerede oturuyor?
7. Türkçe biliyor musunuz?
8. İstanbullu musunuz?
9. Telefonun var mı?

a. Evet. Şimdi Winterthur'da oturuyorum.
b. Bilmiyorum.
c. Hayır, öğreniyoruz.
ç. Evet, var. Numarası 673 09 14.
d. Ürgüplüyüm.
e. Hayır, Türkçe öğrenmiyor.
f. Münih'te oturuyorum.
g. Evet, fabrikada çalışıyorum.
h. Bir bankada.

8 Vervollständigen Sie.

	iyi	Bonnlu	çalışmak
Ben			
Sen	iyisin.		
O			çalışıyor.
Biz			
Siz			
Onlar			

ÜBUNGEN

9 Füllen Sie aus.

İnönü Caddesi 4a'da oturuyorum.

①

Lütfen bir çay.

②

Viyanalı, bir büroda çalışıyor.

③

Nerede çalışıyorsun?

④

● Bir fabrikada çalışıyorum. ● Eşiniz nereli?
● Ne içiyorsunuz? ● Nerede oturuyorsun?

10 Wie lautet die Frage?

1. _____? Stuttgart'ta oturuyorum.
2. _____? Teşekkür ederim, iyiyim.
3. _____? Türkçe öğreniyorum.
4. _____? Deniz büroda çalışıyor.
5. _____? Bu apartmanda.
6. _____? Üç numarada oturuyoruz.

11 Übersetzen Sie die folgenden Wörter und Sätze und tragen Sie sie ein.

1. Wir lernen.   8. Er kommt.
2. bei der Arbeit   9. Er trinkt.
3. wo?   10. Kellner
4. Straße   11. Schule
5. zu Hause   12. Es gibt nicht.
6. Ich weiß es nicht. 13. Er sitzt.
7. bei mir   14. im Büro

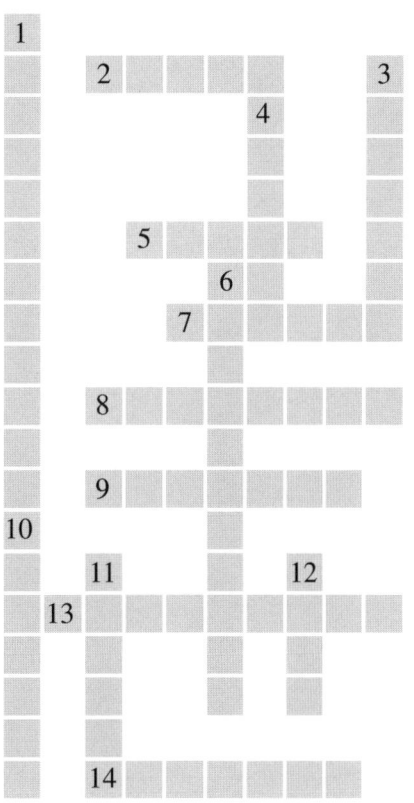

BEŞİNCİ DERS

ÜBUNGEN

12 Schreiben Sie die drei Texte zu Punkt 13 im Lehrbuch (S. 36) in der Ich-Form.

1.
Adım Ayşe, soyadım Bach. 29 yaşındayım.
_____
_____

2.
Adım Uta, _____ Roll. _____
_____
_____

3.
Ben Ali, Ali Akdağ, 51 _____
_____
_____

13 Hörverständnisübung

Hören Sie nun, wie vier Personen sich vorstellen und erzählen, wo sie arbeiten und was sie machen.
Lesen Sie folgende Lösungen und hören Sie sich den Dialog ein- oder zweimal an. Kreuzen Sie dann die richtige Variante an.

1. Dilek Hanım
   a. büroda
   b. üniversitede
   c. bankada çalışıyor.

2. Güngör Bey
   a. hastanede
   b. okulda
   c. lokantada çalışıyor.

3. Yıldız Hanım
   a. fabrikada
   b. okulda
   c. bankada çalışıyor.

4. Cengiz Bey
   a. büroda
   b. radyoda
   c. lokantada çalışıyor.

BEN BANKACIYIM
ICH BIN BANKANGESTELLTE(R)

ERLÄUTERUNGEN ZUM SPRACHGEBRAUCH UND ZUR LANDESKUNDE

zu 2 und 3

Mesleğiniz ne? „Was ist Ihr Beruf?" ist eine gezielte Frage nach dem Beruf.
Ne iş yapıyorsunuz? „Was für eine Arbeit machen Sie?" entspricht etwa dem deutschen „Was machen Sie beruflich?" und ist neutraler.

ERLÄUTERUNGEN ZUR GRAMMATIK

ab 1
Das Suffix *-ci*
-ci eki

Mit dem vierförmigen Suffix *-ci* (nach stimmlosen Konsonanten *-çi*) werden aus Substantiven neue Substantive gebildet, die einen Beruf oder eine Vorliebe bezeichnen:

1. was man macht

çay „Tee"   →   *çaycı* „jemand, der Tee verkauft / Teeverkäufer"

2. was man ist

çay „Tee"   →   *çaycı* „jemand, der gern Tee trinkt"

Weitere Beispiele für mit *-ci* gebildete Berufsbezeichnungen:

diş „Zahn"   →   *dişçi* „Zahnarzt"
gözlük „Brille"   →   *gözlükçü* „Optiker"
posta „Post"   →   *postacı* „Briefträger / jemand, der bei der Post arbeitet"
pansiyon „Pension" →   *pansiyoncu* „Pensionsinhaber"

Es gibt aber auch Berufsbezeichnungen, die nicht mit *-ci* gebildet werden, wie z. B. *öğretmen* „Lehrer" oder *avukat* „Rechtsanwalt".

ERLÄUTERUNGEN ZUR GRAMMATIK

zu 8 – 11
Das Suffix -*lik*
-lik eki

Das vierförmige Suffix *-lik* kommt in verschiedenen Funktionen vor. Hier beschränken wir uns zunächst auf zwei. Es wird an Substantive angehängt, die eine Berufstätigkeit bezeichnen.

dönerci → *dönercilik*   *Dönercilik yapıyorum.* „Ich übe den Dönerverkäuferberuf aus."
çaycı → *çaycılık*   *Çaycılık yapıyorum.* „Ich übe den Teeverkäuferberuf aus."
şoför → *şoförlük*   *Şoförlük yapıyorum.* „Ich übe den Fahrerberuf aus."
garson → *garsonluk*   *Garsonluk yapıyorum.* „Ich übe den Kellnerberuf aus."

Das Suffix *-lik* wird oft an Begriffe angefügt, die das Suffix *-ci* enthalten:

diş „Zahn" – *dişçi* „Zahnarzt" – *dişçilik* „Zahnheilkundeberuf".

Auf die Frage *Ne iş yapıyorsunuz?* kann folgendermaßen geantwortet werden:

Gazeteciyim. „Ich bin Journalist."
Gazetecilik yapıyorum. „Ich übe den Journalistenberuf aus."
Gazeteci olarak çalışıyorum. „Ich arbeite als Journalist."

Es kann auch an Adjektive angehängt werden und abstrakte Substantive bilden.

işsiz → *işsizlik*   *İşsizlik çok kötü.* „Arbeitslosigkeit ist sehr schlecht."

zu 8
Stellung von *bir* bei Adjektiven

Dönercilik çok yorucu bir iş. „Der Dönerverkäuferberuf ist eine sehr anstrengende Arbeit."

Das Zahlwort *bir* folgt im Regelfall dem Adjektiv. Beachten Sie auch, dass Adjektive unverändert vor ihrem Bezugswort stehen.

ÜBUNGEN

19-21

1 Kreisen Sie das Wort ein, das Sie hören.

1. tuzcu / tozcu
2. gülcü / gölcü
3. yıkıcı / yakıcı
4. ütücü / ötücü
5. müzeci / mezeci

2 Das vierförmige Suffix *-ci*:
Hören Sie zu und sprechen Sie nach.

büfe*ci*   büyü*cü*
döner*ci*   gözlük*çü*
tenis*çi*   çöp*çü*
diş*çi*   söz*cü*

bira*cı*   bavul*cu*
posta*cı*   pansiyon*cu*
anahtar*cı*   yol*cu*
banka*cı*   dolmuş*çu*

3 Das vierförmige Suffix *-lik*:
Hören Sie zu und sprechen Sie nach.

dönerci*lik*   dökümcü*lük*
polis*lik*   şoför*lük*
sekreter*lik*   gözlükçü*lük*
dişçi*lik*   çöpçü*lük*

danışman*lık*   doktor*luk*
çaycı*lık*   garson*luk*
avukat*lık*   pansiyoncu*luk*
kebapçı*lık*   yoğurtçu*luk*

4 Was passt nicht?

1.
 a. dönerci
 b. gözlükçü
 c. yorucu

2.
 a. hemşirelik
 b. işsizlik
 c. dişçilik

3.
 a. Tenis oynuyoruz.
 b. Kahve içiyoruz.
 c. Çay içiyoruz.

4.
 a. Kaç saat çalışıyor?
 b. Mesleği ne?
 c. Ne iş yapıyor?

5 Welche Antwort passt?

1. Bankacı mısınız?
 a. Hemşireyim.
 b. İyiyim.
 c. Ürgüplüyüm.

2. Mesleğiniz ne?
 a. Kırk saat çalışıyorum.
 b. Çaycılık yapıyorum.
 c. Hastanedeyim.

3. Marieke ne iş yapıyor?
 a. İşi çok yorucu.
 b. Eşi kursta.
 c. Gazetecilik.

4. Timur nerede?
 a. Pansiyona.
 b. Pansiyonda.
 c. Pansiyondan.

5. İşiniz nasıl?
 a. Çok yorucu.
 b. Biraz hasta.
 c. Garsonluk.

ÜBUNGEN

6 Welche Antwort passt zu welcher Frage?

1. Ne iş yapıyorsun?
2. Uwe tenisçi mi?
3. Yorgun musun?
4. Şenay Hanım nerede çalışıyor?
5. Haftada kaç saat çalışıyorsunuz?
6. Eşiniz ne iş yapıyor?
7. Jan bankacı mı, biliyor musunuz?
8. İstanbullu musunuz?
9. Kaç çocuğunuz var?

a. Evet. Şimdi Berlin'de oturuyorum.
b. Hayır, değil. Şoförlük yapıyor.
c. Hemşire, ama işsiz.
ç. Bir kızım var. Pansiyonculuk yapıyor.
d. Otuz yedi.
e. Hayır.
f. Garson olarak çalışıyorum.
g. Evet, işim çok zor.
h. Bir büroda sekreterlik yapıyor.

7 **Was und wer?** Schauen Sie sich die Abbildungen an und schreiben Sie zuerst das Grundwort. Dann bilden Sie Begriffe auf *-ci*.

1. *bisiklet - bisikletçi*

ÜBUNGEN

8 Vervollständigen Sie die Dialoge.

1.
- ■ _____ ne?
- ❏ Bankacıyım. Siz ____ iş _____?
- ■ Ben garson _____ çalışıyorum.

2.
- ■ _____ çalışıyorsun?
- ❏ Bir büroda.
- ■ Sekreter _____?
- ❏ Evet, _____ yapıyorum.
- ■ İşin kolay _____?
- ❏ Hayır, çok yorucu.

3.
- ■ İşiniz _____?
- ❏ Çok zor.
- ■ Haftada _____ saat _____?
- ❏ Kırk.
- ■ Oo!…

9 Fügen Sie die passenden Suffixe an.

1. Ali Bey pansiyon_____ yapıyor.
2. Sen ne iş yap_____?
3. Siz gazete_____ mi_____?
4. Siz nerede çal_____?
5. Ben bir hastane_____ doktor_____.
6. Siz mektup yaz_____?
7. Sen çamaşır yıkamı_____?

10 Wie lautet die Frage?

1. _____? Öğretmenim.
2. _____? Bankada çalışıyor.
3. _____? Kız arkadaşım işsiz.
4. _____? Ali dönercilik yapıyor.
5. _____? Evet. Gözlükçüyüm.
6. _____? Yarım gün çalışıyoruz.

11 Übersetzen Sie die folgenden Wörter und Sätze und tragen Sie sie ein.

1. Optiker
2. Journalist
3. leicht
4. Auto
5. Tasche
6. sein Brot
7. Er arbeitet.
8. Dönerverkäufer
9. Zahnarzt
10. Ehemann, Ehefrau
11. Krankenschwester
12. er, sie, es
13. Arbeiter

ALTINCI DERS

ÜBUNGEN

12 Bilden Sie Sätze.

1. sen / iş / ne / yapmak
2. haftada / kaç / siz / çalışmak / saat
3. işsiz / siz?
4. ben / şoförlük / bir firma / yapmak
5. ne / tesadüf / ben de / tenis oynamak
6. hayır / değil / profesör / ben
7. hafta sonu / tenis / biz / oynamak

13 Die Sätze des Dialogs sind durcheinander geraten. Ordnen Sie sie.

■ Viyanalı mısınız?
❏ Ben yarım gün firmadayım. Hafta sonu da bir kahvede çaycı olarak çalışıyorum.
■ Kırk saat. Ya siz?
❏ Hayır, Antalyalıyım, ama şimdi Viyana'da oturuyorum.
■ İyi yolculuklar.
❏ Bir firmada şoförüm. Sizin mesleğiniz ne?
■ Ben dönercilik yapıyorum. İşim çok yorucu.
❏ Benim işim de öyle. Haftada kaç saat çalışıyorsunuz?
■ Ne iş yapıyorsunuz?
❏ İyi yolculuklar.

14 Hörverständnisübung

Hören Sie nun, wie vier Personen sich vorstellen und sagen, wo sie arbeiten und was sie beruflich machen. Lesen Sie folgende Lösungen und hören Sie sich die Berichte ein- oder zweimal an. Kreuzen Sie dann die richtige Variante an.

1. Dilek Hanım
   a. sekreter.
   b. gözlükçü.
   c. bankacı.

2. Okan Bey
   a. tenisçi.
   b. şoför olarak çalışıyor.
   c. doktor.

3. Yıldız Hanım
   a. öğretmen.
   b. garson.
   c. dişçi.

4. Çetin Bey
   a. şoför.
   b. pansiyonculuk yapıyor.
   c. bir fabrikada işçi.

HAFTA SONU NE YAPIYORSUNUZ?
WAS MACHEN SIE AM WOCHENENDE?

ERLÄUTERUNGEN ZUM SPRACHGEBRAUCH UND ZUR LANDESKUNDE

zu 9

Antalya ist ein beliebter Ferienort am Mittelmeer und *Marmaris* einer am Ägäischen Meer.

Die Anredeform *sevgili* „lieber, liebe" in Briefen und auf Karten wird nur unter gut bekannten oder gut befreundeten Personen verwendet.

ERLÄUTERUNGEN ZUR GRAMMATIK

zu 1

In dieser Lektion finden Sie das Wort *kitap* „Buch". Auch dieses Wort hat eine lautliche Besonderheit. Wird ein Suffix angefügt, das mit einem Vokal beginnt, wird das *p* am Ende des Wortes zu *b*. Diese lautliche Besonderheit kommt bei vielen, aber nicht allen Wörtern im Türkischen, die auf ein *p* enden, vor. Ab dieser Lektion werden Sie in der Wortliste folgendermaßen darauf hingewiesen: *kitap, -bı*.

Kitabım nerede? „Wo ist mein Buch?"

zu 1 – 8
Der Dativ
Yönelme durumu

Zur Antwort auf die Frage *Nereye?* „Wohin?" bzw. *Kime?* „Wem? / Zu wem?" dient im Türkischen das Suffix *-e* und *-a* bzw. *-ye* und *-ya*. Das entspricht im Deutschen verschiedenen Präpositionen, wie auf S. 46 ersichtlich ist. Es steht sowohl für den Dativ als auch für die Richtung. Dieses Suffix ist zweiförmig.

ERLÄUTERUNGEN ZUR GRAMMATIK

Der letzte Vokal eines Wortes ist			
e oder **i** oder **ö** oder **ü**		**a** oder **ı** oder **o** oder **u**	
ev**e**	*nach Hause, ins Haus*	avuk**a**t**a**	*zum / dem Rechtsanwalt*
Berlin'**e**	*nach Berlin*	postac**ıya**	*zum / dem Briefträger*
Güngör'**e**	*zu / dem Güngör*	dokt**ora**	*zum / dem Arzt*
gözlükçü**ye**	*zum / dem Optiker*	ok**ula**	*in die Schule / zur Schule*

Türkiye'ye gidiyoruz. „Wir fahren in die Türkei."
Nereye gidiyorsun? „Wohin gehst du?"
Alışverişe gidiyorum. „Ich gehe einkaufen."
Kime mektup yazıyorsun? „Wem schreibst du (einen Brief)?"
Anneme mektup yazıyorum. „Ich schreibe meiner Mutter einen Brief."
Kime telefon ediyorsun? „Wen rufst du an?"
Niçin yere oturmuyorsun? „Warum setzt du dich nicht auf den Fußboden?"

zu 3 – 9
Das Pluralsuffix: *-ler/-lar*
Çoğul eki

Wie Sie bereits aus Lektion 4 wissen, stehen türkische Substantive (mit Ausnahme der Eigennamen) grundsätzlich für die Gattung und sagen nichts über die Anzahl aus.

Es gibt aber auch Pluralformen. Das Pluralsuffix lautet *-ler / -lar* und wird verwendet, wenn darauf verwiesen wird, dass die Gattung aus einzelnen Individuen bzw. einzelnen, unterschiedlichen Teilen oder Inhalten besteht. Von daher können auch Begriffe wie *hava* „Wetter", *elektrik* „Strom" mit dem Pluralsuffix versehen werden:

Berlin'de havalar nasıl? „Wie ist das Wetter in Berlin?"
Das bedeutet, dass die Wetterlage veränderlich ist.

Elektrikler kesik. bedeutet „Der Strom ist weg".

Die Pluralformen werden auch verwendet, wenn der Sprecher nicht über die Gattung als solche spricht, sondern über eine für ihn bestimmte Teilmenge.

Arabalar nerede? „Wo stehen die Autos?"

Çocuğunuz var mı? „Haben Sie Kinder?" – *İki çocuğum var.* „Ich habe zwei Kinder." – *Çocuklarınız kaç yaşında?* „Wie alt sind Ihre Kinder?"

Das Pluralsuffix wird betont.

ERLÄUTERUNGEN ZUR GRAMMATIK

Der letzte Vokal eines Wortes ist			
e oder **i** oder **ö** oder **ü**		**a** oder **ı** oder **o** oder **u**	
konser**ler**	*(die) Konzerte*	avukat**lar**	*(die) Rechtsanwälte*
etkinlik**ler**	*(die) Aktivitäten*	kız**lar**	*(die) Mädchen*
profesör**ler**	*(die) Professoren*	büro**lar**	*(die) Büros*
gün**ler**	*(die) Tage*	kurs**lar**	*(die) Kurse*

Antalya'dan candan selamlar. „Herzliche Grüße aus Antalya."

ab 9
Der Ablativ
Çıkma durumu

Zur Antwort auf die Frage *Nereden?* „Woher?" bzw. *Kimden?* „Von wem?" dient im Türkischen das Suffix **-den** bzw. **-dan**. Das entspricht im Deutschen den Präpositionen „von" oder „aus". Auch dieses Suffix ist zweiförmig.

Der letzte Vokal eines Wortes ist			
e oder **i** oder **ö** oder **ü**		**a** oder **ı** oder **o** oder **u**	
ev**den**	*aus dem Haus*	sinema**dan**	*aus dem Kino*
Berlin'**den**	*von Berlin*	postacı**dan**	*vom Briefträger*
Güngör'**den**	*von Güngör*	doktor**dan**	*vom Arzt*
gözlükçü**den**	*vom Optiker*	okul**dan**	*aus / von der Schule*

Wird dieses Suffix an ein Wort angefügt, das auf einen stimmlosen Konsonanten endet, wird *-den* zu **-ten** und *-dan* zu **-tan**:

maçtan, Düsseldorf'tan, Münih'ten, Karabük'ten, Sinop'tan, Markus'tan, işten, Frankfurt'tan

Erinnern Sie sich an die Merksprüche aus Lektion 5.

Türkiye'den mektup var. „Es ist ein Brief aus der Türkei da."
Kimden mektup var? „Von wem ist Post (ein Brief) da?"
Birgit'ten. „Von Birgit."
Nereden geliyorsun? „Wo kommst du her?"
Alışverişten geliyorum. „Ich komme vom Einkaufen."

ÜBUNGEN 7

23-26

1 Kreisen Sie das Wort ein, das Sie hören.

1. avukatta   avukata
2. Frankfurt'ta   Frankfurt'a
3. arkadaşta   arkadaşa
4. evde   evden
5. Stuttgart'ta   Stuttgart'tan
6. kursta   kurstan
7. maçta   maçtan
8. müzede   müzeden

2 Das zweiförmige Dativsuffix -(y)e: Hören Sie zu und sprechen Sie nach.

eve   parka   diskoteğe
İzmir'e   Bartın'a   pikniğe
Güngör'e   Bonn'a   sekreterliğe
Gül'e   kursa   müdürlüğe
müzeye   sinemaya   çocuğa
partiye   fotoğrafçıya   konsolosluğa
Malmö'ye   büroya   avukatlığa
çöpçüye   yoğurtçuya   durağa

3 Das zweiförmige Pluralsuffix -ler: Hören Sie zu und sprechen Sie nach.

1. konser   konser*ler*
   etkinlik   etkinlik*ler*
   asansör   asansör*ler*
   gün   gün*ler*

2. park   park*lar*
   kız   kız*lar*
   büro   büro*lar*
   kurs   kurs*lar*

4 Das zweiförmige Ablativsuffix -den: Hören Sie zu und sprechen Sie nach.

1. ev*den*   Almanya'*dan*
   Berlin'*den*   Çankırı'*dan*
   Malmö'*den*   doktor*dan*
   Brühl'*den*   okul*dan*
   Martin'*den*   Pınar'*dan*

2. İsveç'*ten*   Düsseldorf'*tan*
   Münih'*ten*   park*tan*
   Zürih'*ten*   Sinop'*tan*
   iş*ten*   Markus'*tan*
        Frankfurt'*tan*

5 Bilden Sie den Plural.

1. etkinlik_____
2. arkadaş_____
3. müze_____
4. şoför_____
5. öğrenci_____
6. kitap_____
7. gözlükçü_____
8. bankacı_____

6 Was passt nicht?

1.
   a. İşe gidiyoruz.
   b. Müzeye gidiyoruz.
   c. Tenis oynuyoruz.

2.
   a. Sinemadan mı geliyorsun?
   b. Tiyatrodan mı geliyorsun?
   c. Eve mi gidiyorsun?

ÜBUNGEN

3.
   a. Nereden geliyorsunuz?
   b. Kimden geliyorsunuz?
   c. Nerede oturuyorsunuz?

4.
   a. Yüzüyoruz.
   b. Geziyoruz.
   c. İş arıyoruz.

5.
   a. Ne iş yapıyorsun?
   b. Ne okuyorsun?
   c. Mesleğin ne?

6.
   a. Hafta sonu tiyatroya gidiyorum.
   b. Hafta sonu sinemaya gidiyorum.
   c. Hafta sonu çamaşır yıkıyorum.

7 Welche Antwort passt zu welcher Frage?

1. Kime kart yazıyorsun?
2. Hafta sonu ne yapıyorsun?
3. Urs nereye gidiyor?
4. Ayşe diskoteğe geliyor mu?
5. Bu akşam ne yapıyorsunuz?
6. Ali nereden geliyor?
7. Kart kimden?
8. Ne iş yapıyorsunuz?

a. Hayır, gelmiyor.
b. Heidi'den. Biliyorsun, Heidi Bern'de.
c. Monika'ya yazıyorum.
ç. Kursa. Çünkü Türkçe öğreniyor.
d. Diskotekten.
e. Frankfurt'a gidiyorum.
f. İşsizim, iş arıyorum.
g. Biz tiyatroya gidiyoruz.

8 Wie lautet die Frage?

1. _____? Diskoteğe gidiyorum.
2. _____? Avukattan geliyoruz.
3. _____? Kursa gidiyor.
4. _____? Antalya'dan geliyor.
5. _____? Ali evde.
6. _____? Çay istiyorum.
7. _____? Kart Yusuf'tan.

9 Vervollständigen Sie die Dialoge.

1.
■ Merhaba.
❑ _____ günler.
■ Bu akşam ne yap_____?
❑ Televizyon _____. Ya sen?
■ Ben konser____ gidiyorum.

2.
■ Boş zamanınızda _____ yapıyorsunuz?
❑ Tenis _____. Ya siz?
■ Yüzüyorum, müze____ _____.

YEDİNCİ DERS

ÜBUNGEN 7

3.
- Merhaba, Ali! _____ gidiyorsun?
- Ev____ _____. Ya sen?
- Ben lokanta_____. Hafta sonu ne _____ yorsunuz?
- Münih'e _____. Ya siz?
- Biz evde_____.

4.
- Müjde! Türkiye'_____ kart var
- _____?
- Heidi'den.
- Heidi Türkiye'de _____?
- Evet, Marmaris'_____.
- Ne güzel! Ben de bu hafta sonu Antalya'_____ gidiyorum.

10 Sehen Sie sich die Bilder an und schreiben Sie, was die Leute tun.

_____
_____
_____
_____
_____
_____
_____

ÜBUNGEN 7

11 Übersetzen Sie die folgenden Wörter und Ausdrücke und tragen Sie sie ein.

1. von wem?
2. Tasche
3. von zu Hause
4. woher?
5. aus dem Kino
6. Woche
7. zum Konzert
8. wohin?
9. von der Arbeit
10. wem?
11. nach Hause

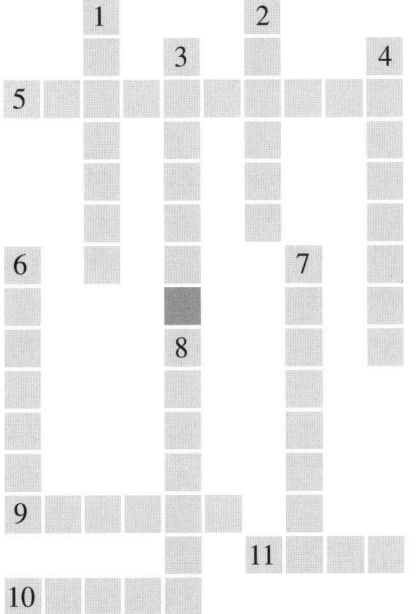

12 Fügen Sie die passenden Suffixe an.

1. Biz Türkçe öğren_____.
2. Sen boş zamanında ne yap_____?
3. Barbara kurs_____ geliyor.
4. Kart kim_____?
5. Ben arkadaşım_____ kart yaz_____.
6. Siz tiyatro_____ mı gel_____?
7. Müjde! Markus'_____ kart var.

13 Hörverständnisübung

Hören Sie nun, wie zwei Herren und eine Frau sich treffen und erzählen, was sie heute abend machen. Lesen Sie folgende Lösungen und hören Sie sich den Dialog ein- oder zweimal an. Kreuzen Sie dann die richtige Variante an.

1. Ogün
   - a. bara
   - b. tiyatroya
   - c. sinemaya gidiyor.

2. Bülent
   - a. lokantaya
   - b. diskoteğe gidiyor.
   - c. evde.

3. Nilgün
   - a. konsere
   - b. kursa
   - c. sinemaya gidiyor.

YEDİNCİ DERS

NASIL BİRİ?
WAS FÜR EINE PERSON IST ER/SIE?

ERLÄUTERUNGEN ZUM SPRACHGEBRAUCH UND ZUR LANDESKUNDE

zu 15

Es gibt zahlreiche differenzierte Verwandtschaftsbezeichnungen im Türkischen. Unter Familienangehörigen und in der Verwandtschaft reden die Jüngeren die Älteren nicht mit dem Vornamen, sondern nur mit der entsprechenden Bezeichnung an wie: *abla* „ältere Schwester", *ağabey / abi* „älterer Bruder", *teyze* „Tante (mütterlicherseits)" usw.

Verwandtschaftsbezeichnungen werden auch als Anrede unter nicht verwandten und miteinander nicht bekannten Personen verwendet. So ist es z. B. möglich, auf der Straße jemanden um Auskunft zu bitten und denjenigen mit *abla, ağabey* oder Ähnlichem anzureden:

Affedersiniz ağabey, postane nerede? „Entschuldigung Bruder, wo ist die Post?"

Die Anrede mit Verwandtschaftsbezeichnungen schafft eine vertraute, aber nicht anbiedernde Atmosphäre.

ERLÄUTERUNGEN ZUR GRAMMATIK

zu 1

Das Wort *utangaç* hat eine lautliche Besonderheit. Wird ein Suffix angefügt, das mit einem Vokal beginnt, wird das *ç* am Ende des Wortes zu *c*. Diese lautliche Besonderheit kommt bei vielen, aber nicht allen Wörtern im Türkischen, die auf ein *ç* enden, vor. Ab dieser Lektion werden Sie in der Wortliste folgendermaßen darauf hingewiesen: *utangaç, -cı*.

ab 2
Das Suffix *-li*
-li eki

Das vierförmige Suffix *-li* (siehe Lektion 3) kommt in dieser Lektion in einer anderen Funktion vor. Es wird an Substantive angehängt und bildet Adjektive, die wiederum häufig auch als Substantive verwendet werden. Im Türkischen können Adjektive die Funktion eines Substantivs übernehmen.

ERLÄUTERUNGEN ZUR GRAMMATIK

düzen „Ordnung"	➔	*düzenli* „ordentlich" (wörtl.: mit Ordnung versehen)
gözlük „Brille"	➔	*gözlüklü* „mit Brille" (wörtl.: mit Brille versehen, mit Brille versehene Person)
saç „Haar"	➔	*kısa saçlı* „kurzhaarig" (wörtl.: mit kurzen Haaren versehen, die Kurzhaarige)
boy „Statur"	➔	*uzun boylu* „von langer Statur / groß" (wörtl.: mit langer Statur versehen, der Lange)

Das Suffix *-siz*
-siz eki

Das vierförmige Suffix *-siz* wird an Substantive angefügt und bildet Adjektive.

iş „Arbeit"	➔	*işsiz* „arbeitslos"
düzen „Ordnung"	➔	*düzensiz* „unordentlich" (wörtl.: ordnungslos)
gözlük „Brille"	➔	*gözlüksüz* „ohne Brille" (wörtl.: brillenlos)
sakal „Bart"	➔	*sakalsız* „ohne Bart" (wörtl.: bartlos)
çocuk „Kind"	➔	*çocuksuz aile* „Familie ohne Kind" (wörtl.: kinderlose Familie)

ab 10
Der Genitiv
İyelik durumu

Das vierförmige Genitivsuffix lautet nach Vokal **-nin** und nach Konsonant **-in**. Ein mit Genitivsuffix versehenes Wort steht im Regelfall mit einem weiteren Wort, das mit dem vierförmigen Possessivsuffix **-si / -i** versehen ist:

Axel'in ailesi	*Axels Familie*	Katja'nın çocuğu	*Katjas Kind*
Pınar'ın gözlüğü	*Pınars Brille*	Yusuf'un babası	*Yusufs Vater*

Bu kimin çantası? „Wessen Tasche ist das?"
Angelika'nın / Yusuf'un çantası. „Angelikas / Yusufs Tasche."

Bu çanta kimin? „Wem gehört die Tasche?" (wörtl.: Wessen ist die Tasche?)

Die Antwort darauf kann auch mit Hilfe der Possessivpronomen – es sind die Genitivformen der Personalpronomen – gebildet werden. Beachten Sie jedoch die abweichende 1. Person Singular und Plural.

Bu çanta benim / senin… „Diese Tasche gehört mir / dir …"

Es ist auch möglich, ganz kurz zu antworten: *benim, senin, onun, bizim, sizin, onların, Ali'nin, Markus'un.*

ERLÄUTERUNGEN ZUR GRAMMATIK

Verwechseln Sie *benim* „mein" nicht mit *Benim.* „Ich bin's." Im ersten Fall wird die letzte Silbe, im zweiten Fall die erste Silbe betont.

Markus siz misiniz? – Evet, benim. „Sind Sie Markus? – Ja, ich bin's."

Ömer'in arkadaşları nerede oturuyor? „Wo wohnen die Freunde von Ömer?"
Arkadaşları Kreuzberg'de oturuyor / oturuyorlar. „Seine Freunde wohnen in Kreuzberg."

Ömer'lerin arkadaşı nerede oturuyor? „Wo wohnt der Freund der Familie Ömer?"
Arkadaşları Kreuzberg'de oturuyor. „Ihr Freund wohnt in Kreuzberg."

Ömer'lerin arkadaşları nerede oturuyor? „Wo wohnen die Freunde der Familie Ömer?"
Arkadaşları Kreuzberg'de oturuyor. „Ihre Freunde wohnen in Kreuzberg."

Wie Sie sehen, ist *arkadaşları* doppeldeutig. Im ersten Fall ist es als *arkadaş-ları* „ihr Freund" zu verstehen und im zweiten Satz als *arkadaş-lar-ı* „ihre Freunde". Der Situationskontext hilft Ihnen beim Verständnis.

Noch einmal: *var* und *yok*

Sie kennen aus Lektion 4 schon *var* „existent, es gibt" und *yok* „nicht existent, es gibt nicht". Um im Türkischen „haben" auszudrücken, werden vor allem diese beiden Begriffe eingesetzt. Wenn Sie über eine Person oder eine Sache, die etwas hat oder nicht hat, sprechen wollen, steht diese im Genitiv. Das, was sie hat oder nicht hat, bekommt das Possessivsuffix der 3. Person.

Markus'un gözlüğü var mı? „Hat Markus eine Brille?"
Axel'in sakalı yok mu? „Hat Axel keinen Bart?"
Melanie'nin kardeşleri yok mu? „Hat Melanie keine Geschwister?"

zu 16
Personalpronomen im Dativ
Yönelme durumunda kişi adılları

Was über den Dativ in Lektion 7 gesagt wurde, gilt auch für die Personalpronomen im Dativ.

bana	*(zu) mir*	bize	*(zu) uns*
sana	*(zu) dir*	size	*(zu) euch / Ihnen*
ona	*(zu) ihm / ihr*	onlara	*(zu) ihnen*

Ayşe bu hafta sonu bize geliyor. „Ayşe kommt dieses Wochenende zu uns."
Fatma sana kahve pişiriyor. „Fatma kocht für dich Kaffee."
Kardeşim bana yardım ediyor. „Mein Bruder hilft mir."
Arkadaşım bana telefon etmiyor. „Mein Freund ruft mich nicht an."

ÜBUNGEN

28-31

1 Kreisen Sie das Wort ein, das Sie hören.

1. çilli   çöllü
2. gözlü   gizli
3. kıllı   kullu
4. saçlı   suçlu
5. sisli   süslü

2 Das vierförmige Suffix *-li*: Hören Sie zu und sprechen Sie nach.

düzen*li*	likör*lü*
bisiklet*li*	asansör*lü*
resim*li*	gözlük*lü*
ev*li*	kültür*lü*

sakal*lı*	telefon*lu*
çanta*lı*	uzun boy*lu*
bıyık*lı*	çocuk*lu*
yakışık*lı*	bavul*lu*

3 Das vierförmige Suffix *-siz*: Hören Sie zu und sprechen Sie nach.

düzen*siz*	likör*süz*
ev*siz*	asansör*süz*
resim*siz*	gözlük*süz*
içki*siz*	kültür*süz*

sakal*sız*	telefon*suz*
çanta*sız*	tablo*suz*
bıyık*sız*	çocuk*suz*
bilgisayar*sız*	bavul*suz*

4 Das vierförmige Genitivsuffix *-(n)in*: Hören Sie zu und sprechen Sie nach.

Axel'*in*   Güngör'*ün*   Pınar'*ın*   Tom'*un*
Kerstin'*in*   Songül'*ün*   Barış'*ın*   Coşkun'*un*
Ayşe'*nin*   Bengü'*nün*   Katja'*nın*   Heiko'*nun*
Ali'*nin*   Sanlı'*nın*   Banu'*nun*

5 Eigenschaft oder Aussehen? Schreiben Sie.

komik   E
kara gözlü   ▪
iyimser   ▪
romantik   ▪
bıyıklı   ▪
sarışın   ▪
realist   ▪
sakallı   ▪
saçsız   ▪
sempatik   ▪
düzensiz   ▪
utangaç   ▪
esmer   ▪
kötümser   ▪
yakışıklı   ▪
düzenli   ▪

ÜBUNGEN

6 Welche der in Nr. 5 stehenden Begriffen sind positiv, welche negativ und welche neutral?

positiv

_____
_____

negativ

_____
_____

neutral

_____
_____

7 Welches Wort passt nicht?

1. saç: uzun, kısa, iyimser, kara
2. göz: sarışın, kara, mavi
3. boy: ince uzun, kısa, orta, şişman

8 Fügen Sie die passenden Suffixe an.

1.
- Uta'_____ baba _____ Türk mü?
- Evet, Türk. Ya anne_____?
- Anne_____ mi? Alman.

2.
- Bu akşam ne yap_____?
- Biz sinema _____ gidi_____. Ya sen ne yapıyor_____?
- Ben ev_____.

3.
- Affeder_____, postane nerede?
- Ben de bil_____.

4.
- Nereden geliyorsunuz?
- Biz lokanta_____ geliyoruz. Ya sen?
- Sinema_____.

9 Welche Antwort passt zu welcher Frage?

1. Bu kimin?
2. Gözlüklü bey kim?
3. Güngör'ün annesi Alman mı?
4. Çok yakışıklı, değil mi?
5. Kardeşiniz var mı?
6. Tom'un telefonu yok mu?
7. Uwe'nin dedesi sakallı mı?

a. Hayır, Turgut'un annesi Alman.
b. Bir ablam var.
c. Hayır, bıyıklı.
ç. Sanıyorum, Ayşe'nin amcası.
d. Evet, öyle.
e. Çanta mı? Songül'ün çantası.
f. Var, numarası 638 91 27.

ÜBUNGEN

10 Bilden Sie Wörter mit den Suffixen *-li* und *-siz*.

1. düzen   düzenli   düzensiz
2. gözlük   _____ _____
3. araba   _____ _____
4. bisiklet _____ _____
5. şort   _____ _____
6. çanta   _____ _____

11 Tragen Sie das passende Fragewort ein.

kim? / kime? / kimden? / kimin?

1. _____ geliyorsun?
2. Uzun saçlı hanım _____?
3. _____ telefon ediyorsun?
4. Bu _____ telefon numarası?
5. Kart _____? Ali'den mi?
6. _____ televizyonu yok?
7. Timur _____ mektup yazıyor?

12 Beschreiben Sie die abgebildeten Personen.

1. Yıldız kısa boylu,
2. _____
3. _____
4. _____
5. _____
6. _____

ÜBUNGEN

13 Sehen Sie sich die Personen in Nr. 12 noch einmal an und beantworten Sie die Fragen.

1. Kimin uzun saçı var?

2. Kimin bisikleti var?

3. Kimin bıyığı yok?

4. Kimin radyosu var?

5. Kimin çantası var?

6. Kimin gözlüğü var?

14 Bilden Sie Sätze.

1. ben / gelmek / dedem
2. gözlük / sen / bu?
3. Ali / Yusuf / arkadaş
4. çocuk / kaç / var / siz?
5. gülmek / dayı / ben / her şey
6. yeni / garson / ne / ad
7. siz / mektup yazmamak / niçin
8. sen / telefon etmemek / niçin / bana

15 Übersetzen Sie die folgenden Wörter und Ausdrücke und tragen Sie sie ein.

1. wessen?
2. mit Bart
3. schön
4. schwarz
5. viel
6. dies
7. Aussehen
8. ältere Schwester
9. mit Brille
10. dunkler Typ
11. ernst
12. unordentlich
13. lang
14. kurz
15. Ehemann, -frau
16. Familie
17. Auge

ÜBUNGEN

16 Hörverständnisübung

Hören Sie nun, wie zwei Freunde über das Aussehen ihrer Bekannten sprechen und fragen, wo diese arbeiten. Lesen Sie folgende Lösungen und hören Sie sich den Dialog ein- oder zweimal an. Kreuzen Sie dann die richtige Variante an.

1. Lars
   a. gözlükçüde
   b. bankada
   c. postanede çalışıyor.

2. Necdet
   a. okulda
   b. dişçide
   c. üniversitede çalışıyor.

3. Necdet'in ablası
   a. lokantada
   b. büroda
   c. müzede çalışıyor.

SEYAHAT ACENTESİNDEN GELİYORUM
ICH KOMME VOM REISEBÜRO

ERLÄUTERUNGEN ZUM SPRACHGEBRAUCH UND ZUR LANDESKUNDE

zu 7

Türkçe Öğretim Merkezi, abgekürzt TÖMER, ist ein Sprachenzentrum an der Universität Ankara seit 1984. TÖMER vermittelt Türkisch als Fremdsprache, aber auch andere Sprachen und hat in der Türkei und im Ausland zahlreiche Zweigstellen.

Die Anschrift der Zentrale in Ankara lautet:
Ziya Gökalp Caddesi No: 18/1
06650 Kızılay-Ankara/Türkei
Tel: (00 90 - 312) 435 84 05
Fax: (00 90 - 312) 435 97 86

ERLÄUTERUNGEN ZUR GRAMMATIK

ab 1
Wortverkettung durch Possessivsuffixe
Ad tamlaması

Im Deutschen kann man aus zwei oder mehreren Begriffen einen neuen bilden. Sie werden entweder aneinandergereiht (Goethe-Institut) oder zusammengeschrieben (Telefon + Nummer > Telefonnummer). Im Türkischen kann man auch solche neuen Begriffe bilden, aber sie werden nicht zusammengeschrieben, sondern durch das Possessivsuffix der 3. Person „verkettet". Das Possessivsuffix steht dabei am letzten Begriff der Verkettung (*telefon + numara > telefon numarası*). Ein bereits verketteter Begriff kann weiter verkettet werden.

Hamburg + Üniversite > Hamburg Üniversitesi „Universität Hamburg"
Hamburg Üniversitesi + öğrenciler > Hamburg Üniversitesi öğrencileri „Studenten der Universität Hamburg"
kişilik „Persönlichkeit" + *test* „Test" > *kişilik testi* „Persönlichkeitstest"
Goethe + *enstitü* „Institut" > *Goethe Enstitüsü* „Goethe-Institut"
çocuk „Kind" + *doktor* „Arzt" > *çocuk doktoru* „Kinderarzt"
Berlin + *filarmoni* „Philharmonie" + *orkestra* „Orchester" > *Berlin Filarmoni Orkestrası*

ERLÄUTERUNGEN ZUR GRAMMATIK

Jedes Wort in der Wortverkettung ist entweder ein Substantiv oder ein substantivisch gebrauchtes Wort:

Türk lokantası „türkisches Restaurant"

Will man aber sagen „meine, deine Telefonnummer" usw., wird das Possessivsuffix der 3. Person durch das Possessivsuffix der entsprechenden Person ersetzt.

	telefon numarası	*Telefonnummer*
benim	telefon numaram	*meine Telefonnummer*
senin	telefon numaran	*deine Telefonnummer*
onun	telefon numarası	*seine Telefonnummer*
bizim	telefon numaramız	*unsere Telefonnummer*
sizin	telefon numaranız	*eure / Ihre Telefonnummer*
onların	telefon numarası	*ihre Telefonnummer*
	telefon numaraları	

ab 2

Die 3. Person Singular und Plural der Possessivsuffixe hat eine Besonderheit: Diese werden um ein *n* erweitert, wenn auf sie ein Kasussuffix folgt. Dieses *n* nennt man „pronominales n".

benim	teyzeme	*zu meiner Tante*
senin	teyzene	*zu deiner Tante*
onun	teyzesi**n**e	*zu seiner Tante*
bizim	teyzemize	*zu unserer Tante*
sizin	teyzenize	*zu eurer / Ihrer Tante*
onların	teyzesi**n**e	*zu ihrer Tante*
	teyzeleri**n**e	

Ali teyzesine gidiyor. „Ali geht zu seiner Tante."
Ayşe iki gün ablasında kalıyor. „Ayşe bleibt zwei Tage bei ihrer älteren Schwester."
Ömer dedesinden geliyor. „Ömer kommt von seinem Großvater."

Öğrenciler Türkçe kursuna gidiyor. „Die Studenten gehen in den Türkisch-Kurs."
Goethe Enstitüsü'nde çalışıyorum. „Ich arbeite am Goethe-Institut."
Çocuk doktorundan geliyorum. „Ich komme vom Kinderarzt."
Halk Yüksek Okulu'ndan geliyorlar. „Sie kommen aus der Volkshochschule."

DOKUZUNCU DERS

ÜBUNGEN

🔊 33

1 Kreisen Sie das Wort ein, das Sie hören.

1. bayır   bağır
2. çayır   çağır
3. ayır   ağır
4. doyur   doğur
5. eyer   eğer
6. öyle   öğle
7. çiy   çiğ

2 Verketten Sie die Wörter durch Possessivsuffixe.

1. *Pop konseri*
2. _____
3. _____
4. _____
5. _____
6. _____
7. _____

pop ✔	hanım	telefon
okul	son	hafta
müzik	ev	yüksek
konser ✔	cadde	numara
Türk	Fulda	halk
Atatürk		

3 Welche Antwort passt?

1. Nereden geliyorsun?
   a. Halk Yüksek Okulu'na.
   b. Türk lokantasından.
   c. Gül'ün arkadaşına.

2. Nerede çalışıyorsun?
   a. Bir danışma bürosunda.
   b. Markus'ta.
   c. Bende.

3. Ayşe nereye gidiyor?
   a. Aile çay bahçesinde.
   b. Aile çay bahçesine.
   c. Aile çay bahçesinden.

4. Bu kimden?
   a. Çocuk yuvasından.
   b. Danışma merkezinden.
   c. Turgut'tan.

4 Was passt nicht?

1.
   a. Ankara Üniversitesi
   b. Höchst Halk Yüksek Okulu
   c. Çocuk çantası

2.
   a. Burası Ali'nin lokantası mı?
   b. Japon lokantasından mı geliyorsun?
   c. Otobüs garajından mı geliyorsun?

3.
   a. Erkek kuaföründe çalışıyor.
   b. İşinden çok memnun.
   c. Urfa kebapçısında çalışıyor.

ÜBUNGEN

4.
- a. Gelmiyorum. Çünkü hastayım.
- b. Gelmiyorum. Çünkü yorgunum.
- c. Gelmiyorum. Çünkü istemiyorum.

5 Welches Wort passt? *Çünkü* oder *fakat* oder *gene de?*

1. İşimden çok memnunum. _____ meslektaşlarım sempatik.
2. İşimden memnunum, _____ yorucu.
3. Ben de işimden memnun değilim. _____ enteresan değil.
4. İşim çok yorucu, _____ memnunum.

6 Tragen Sie das passende Fragewort ein.

kimin? / kime? / nereden? / kaç? / nereli? / kimden? / niçin?

1. _____ geliyorsun? Ali'den mi?
2. _____? İstanbullu mu?
3. İşinden _____ memnun değilsin?
4. Bu _____ cevabı?
5. _____ gidiyorsun? Ayşe'ye mi?
6. Bu çanta _____, biliyor musun?
7. Atilla'nın telefon numarası _____?

7 Vervollständigen Sie die Dialoge.

1.
- ■ Bu akşam ne _____?
- ❏ Misafirliğe _____. Ya sen?
- ■ Ben Almanca _____ gidiyorum.

2.
- ■ _____ oturuyorsunuz?
- ❏ Kennedy _____.
- ■ _____ numarada?
- ❏ 45b' _____. Ya siz?
- ■ _____ Atatürk Bulvarı' _____ oturuyoruz, 134 _____.
- ❏ Telefonunuz _____ _____?
- ■ Evet, _____ 698 27 54.
- ❏ Teşekkürler.
- ■ _____.

3.
- ■ Markus _____ çalışıyor?
- ❏ Bir Türk seyahat _____.
- ■ Markus Türkçe _____?
- ❏ Hayır, _____ öğreniyor.

4.
- ■ İşinden _____?
- ❏ Hayır, memnun _____.
- ■ _____?
- ❏ _____ enteresan değil.

ÜBUNGEN

8 Übersetzen Sie die folgenden Begriffe und tragen Sie sie ein.

1. viel
2. Haar
3. schwarz
4. arbeiten
5. von seiner Mutter
6. in seinem Büro
7. blond
8. Krankenhaus
9. Zentrum
10. wem?
11. wessen?
12. Person
13. Arbeit
14. warum?

9 Wohin gehen Sie? Was machen Sie dort?

1. *Aile çay bahçesine gidiyorum, çay içiyorum.*
2. _____
3. _____
4. _____
5. _____
6. _____

ÜBUNGEN

içmek ● müzik dinlemek ● bir şey sormak
● kebap yemek ● gözlük almak ● Türkçe
öğrenmek

10 Bilden Sie Sätze.

1. ben / çalışmak / Türk lokantası
2. Gül / telefon numarası / kaç
3. Halk Yüksek Okulu / öğrenmek / ben / Kreuzberg / Türkçe
4. Uta / telefon numarası / sen / var?
5. işyeri / niçin / değil / memnun / sen
6. gelmemek / çünkü / zaman / biz / yok
7. yeni meslektaş / düzensiz / çok / ben

11 Hörverständnisübung

Hören Sie nun, wie vier Freunde über den neuen Arbeitsplatz von Teoman sprechen und ihn fragen, ob er zufrieden oder unzufrieden ist. Lesen Sie folgende Lösungen und hören Sie sich den Dialog ein- oder zweimal an. Kreuzen Sie dann die richtige Variante an.

1. Teoman
   a. bir Halk Yüksek Okulu'nda
   b. İş Bankası'nda
   c. seyahat acentesinde çalışıyor.

2. Teoman işinden memnun. Çünkü
   a. meslektaşları candan.
   b. işi enteresan.
   c. işi çok değil.

3. Teoman işinden memnun, fakat
   a. işi çok.
   b. yeni iş arıyor. Çünkü bankacı olarak çalışmak istemiyor.
   c. şefi sevimsiz.

SAAT YEDİDE KALKIYORUM
ICH STEHE UM SIEBEN UHR AUF

ERLÄUTERUNGEN ZUM SPRACHGEBRAUCH UND ZUR LANDESKUNDE

zu 1

Wie Sie bereits aus den Lektionen 2 und 6 wissen, bedeutet *saat* sowohl „Uhr" als auch „Stunde". Achten Sie auf die Wortfolge:

Saat üç. „Es ist drei Uhr."   *üç saat* „drei Stunden"

Näheres zu den Uhrzeiten erfahren Sie in den „Erläuterungen zur Grammatik".

zu 18

Auf dem Terminkalender von Gül steht TRT-INT. Das ist ein türkischer Fernsehkanal, der über Kabel oder Satellit auch in Westeuropa rund um die Uhr empfangen werden kann. Um die Mittagszeit herum wird dieser Kanal mit dem Sender *Avrasya* „Eurasien" zusammengelegt, sodass die Sendungen auch in Mittelasien verfolgt werden können.

Gül pazartesi günü Hasır Lokantası'na gidiyor. „Gül geht am Montag in das Restaurant Hasır."

Die Wochentage werden meistens in Verbindung mit *gün* „Tag" gebraucht.

ERLÄUTERUNGEN ZUR GRAMMATIK

ab 1
Die Uhrzeiten
Saatler

a. Die vollen und die halben Stunden

Die vollen Uhrzeiten werden ähnlich wie im Deutschen ausgedrückt.

Saat bir. „Es ist ein Uhr."

Halbe Stunden werden mit Hilfe von *buçuk* „halb" ausgedrückt, wobei die halbe Stunde der vollen hinzugezählt wird. *Buçuk* steht immer in Verbindung mit einer Zahl und wird dieser nachgestellt.

Saat bir buçuk. „Es ist halb zwei."

Auch *yarım* bedeutet „halb", wird aber ohne weitere Zahl verwendet. Für „Es ist halb eins" sagt man normalerweise nicht *Saat on iki buçuk*, sondern *Saat yarım* „Es ist halb (eins)".

ERLÄUTERUNGEN ZUR GRAMMATIK

Saat kaç? bedeutet „Wie viel Uhr ist es? / Wie spät ist es?" und *Saat kaçta?* bedeutet „Um wie viel Uhr?". Das deutsche „um" wird bei vollen und halben Stunden mit dem Lokativsuffix wiedergegeben.

saat birde „um ein Uhr / um eins"
saat bir buçukta „um halb zwei Uhr"

Sowohl bei der Frage als auch bei der Antwort kann das Wort *saat* weggelassen werden, wenn im Zusammenhang klar ist, dass es um die Uhrzeit geht.

A: *Bu akşam yemeğe gidiyoruz.* „Heute Abend gehen wir essen."
B: *Saat kaçta? / Kaçta?* „Um wie viel Uhr? / Wann?"
A: *Saat sekizde. / Sekizde.* „Um acht Uhr. / Um acht."

b. Die Minuten

Die Minuten werden auf die Frage *Saat kaç?* „Wie spät ist es?" bis zur halben Stunde mit dem Verb *geçmek* „über oder durch etwas gehen" gebildet, wobei *geçmek* den Akkusativ fordert. Die volle Stunde steht also im Akkusativ. Das Akkusativsuffix ist vierförmig und lautet *-i, -ü, -ı* oder *-u* bzw. *-yi, -yü, -yı* oder *-yu*. (Mehr Information über den Akkusativ unter Punkt 11.)
Die Minuten ab der halben Stunde werden mit *var* ausgedrückt; dabei steht die volle Stunde im Dativ.

Saat kaç?
Saat biri beş geçiyor. „Es ist fünf nach eins."   *Saat bire beş var.* „Es ist fünf vor eins."

1.05 Saat	bir**i**	beş geçiyor.		0.55 Saat	bire	beş var.
2.05 Saat	iki**yi**	beş geçiyor.		1.55 Saat	ikiye	beş var.
3.05 Saat	üç**ü**	beş geçiyor.		2.55 Saat	üçe	beş var.
4.05 Saat	dör**dü**	beş geçiyor.		3.55 Saat	dörde	beş var.
5.05 Saat	beş**i**	beş geçiyor.		4.55 Saat	beşe	beş var.
6.05 Saat	altı**yı**	beş geçiyor.		5.55 Saat	altıya	beş var.
7.05 Saat	yedi**yi**	beş geçiyor.		6.55 Saat	yediye	beş var.
8.05 Saat	sekiz**i**	beş geçiyor.		7.55 Saat	sekize	beş var.
9.05 Saat	dokuz**u**	beş geçiyor.		8.55 Saat	dokuza	beş var.
10.05 Saat	on**u**	beş geçiyor.		9.55 Saat	ona	beş var.
11.05 Saat	on bir**i**	beş geçiyor.		10.55 Saat	on bire	beş var.
12.05 Saat	on iki**yi**	beş geçiyor.		11.55 Saat	on ikiye	beş var.

Auf die Frage *Saat kaçta?* „Um wie viel Uhr?" werden die Minuten bis zur halben Stunde mit dem Wort *geçe* gebildet. Auch hier steht die volle Stunde im Akkusativ.

Die Minuten ab der halben Stunden werden mit *kala* gebildet; auch hier steht die volle Stunde im Dativ.

ONUNCU DERS

ERLÄUTERUNGEN ZUR GRAMMATIK

Saat kaçta?
Saat biri beş geçe. „Um fünf nach eins."   *Saat bire beş kala.* „Um fünf vor eins."

1.05 Saat	bir**i**	beş geçe.
4.05 Saat	dör**dü**	beş geçe.
9.05 Saat	dokuz**u**	beş geçe.

0.55 Saat	bir**e**	beş kala.
3.55 Saat	dör**de**	beş kala.
8.55 Saat	dokuz**a**	beş kala.

Beachten Sie, dass das *t* von *dört* zu *d* wird, wenn ein Suffix angefügt wird, das mit Vokal beginnt.

Merken Sie sich auch folgende Zeitangabe:

saat üç sıralarında / sularında „um drei Uhr herum"

ab 11
Das direkte Objekt und der Akkusativ
Nesne ve belirtme durumu

Das über „wen oder was?" zu erfragende direkte Objekt hat im Türkischen zwei Varianten:
1. es steht im Nominativ, erhält also kein Suffix.
2. es steht im Akkusativ, erhält also das Akkusativsuffix.

Die erste Variante kennen Sie schon, ohne dass besonders darauf eingegangen wurde.

Gazete okuyorum. „Ich lese Zeitung."
Çamaşır yıkıyorum. „Ich wasche Wäsche."
Çay içiyoruz. „Wir trinken Tee."
Müzik dinliyoruz. „Wir hören Musik."

Sie kennen aber auch schon Beispiele wie *mektup yazmak* „Briefe schreiben" und wissen, dass türkische Substantive nichts über die Anzahl aussagen. So können folgende Beispiele in zwei Varianten ins Deutsche übersetzt werden; normalerweise hilft dabei der Situationskontext:

Mektup yazıyorum. „Ich schreibe einen Brief / Briefe."
Bilet alıyorum. „Ich kaufe eine Fahrkarte / Fahrkarten."

In allen diesen Fällen wird das Objekt nicht besonders hervorgehoben, sondern nur auf die Handlung verwiesen. Darüber hinaus ist dieses Objekt für den Hörer „unbestimmt".

Das direkte Objekt im Akkusativ wird mit Hilfe des vierförmigen Akkusativsuffixes gebildet. Es ist mit *kimi?* „wen?" oder *neyi?* „was?" erfragbar. In diesem Fall wird das Objekt hervorgehoben. Ist es auch dem Hörer bekannt, wird er es als „bestimmtes Objekt" identifizieren.

ERLÄUTERUNGEN ZUR GRAMMATIK

Kim**i**?	*Wen?*	Ney**i**?	*Was?*
Ali'**yi** / öğretmen**i**	*den Ali / den Lehrer*	kahve**yi**	*den Kaffee*
Güngör'**ü** / profesör**ü**	*den Güngör / den Professor*	likör**ü**	*den Likör*
Pınar'**ı** / postacı**yı**	*die Pınar / den Briefträger*	çay**ı**	*den Tee*
Yusuf'**u** / garson**u**	*den Yusuf / den Kellner*	okul**u**	*die Schule*

Kitabı alıyorum. „Ich kaufe das Buch."
Kızımı çocuk yuvasına götürüyorum. „Ich bringe meine Tochter in den Kindergarten."
Bu kahveyi içmiyorum. „Diesen Kaffee trinke ich nicht."
Mektubu gönderiyorum. „Ich schicke den Brief ab."
Hangi mektubu? „Welchen Brief?"
Ali'yi görüyorum. „Ich sehe Ali."
Hangi Ali'yi? „Welchen Ali?"

Die Personalpronomen lauten im Akkusativ:

beni	*mich*	bizi	*uns*
seni	*dich*	sizi	*euch / Sie*
onu	*sie, ihn*	onları	*sie*

Zeynep seni bekliyor. „Zeynep erwartet / wartet auf dich."
Bizi ne zaman ziyaret ediyorsunuz? „Wann besuchen Sie uns?"
Beni niçin aramıyorsun? „Warum suchst du mich nicht auf?"

Das Verb *aramak* „suchen" wird auch im Sinne von „aufsuchen, besuchen, anrufen" verwendet.

zu 14

Die Uhrzeit kann zwar mit *Saat kaç?* erfragt werden, aber es gibt auch eine sehr höfliche Variante:

Affedersiniz, saatiniz kaç? „Entschuldigen Sie, wie spät haben Sie es?"
Affedersin, saatin kaç? „Entschuldige, wie spät hast du es?"

Dann nimmt das Wort *saat* Possessivsuffixe an. Wie Sie sehen, sind die hellen Varianten angefügt. Das kommt bei einer Reihe von Fremdwörtern im Türkischen vor. Ab sofort werden Sie auf solche Erscheinungen in der Wortliste folgendermaßen aufmerksam gemacht: *saat, -ti*.

ÜBUNGEN

35-36

1 Kreisen Sie das Wort ein, das Sie hören.

1. onda   unda
2. tuzunu   tozunu
3. onu   unu
4. sulu   solu
5. kolunu   kulunu
6. sulaktan   solaktan

2 Das vierförmige Akkusativsuffix -(y)i: Hören Sie zu und sprechen Sie nach.

a. Ayten'*i*   Aygül'*ü*
    misafir*i*   profesör*ü*
    cadde*yi*   mösyö*yü*
    dönerci*yi*   ütü*yü*

    Aysın'*ı*   Aynur'*u*
    roman*ı*   garson*u*
    araba*yı*   büro*yu*
    postacı*yı*   pansiyoncu*yu*

b. diskoteğ*i*   gözlükçülüğ*ü*
    sekreterliğ*i* profesörlüğ*ü*

    avukatlığ*ı*   çocuğ*u*
    durağ*ı*   konsolosluğ*u*

c. Saat bir*i*   beş geçiyor
          iki*yi*
          üç*ü*
          dörd*ü*
          beş*i*
          altı*yı*
          yedi*yi*
          sekiz*i*
          dokuz*u*

3 Wie spät ist es? Schreiben Sie die Uhrzeiten aus.

1. _____
2. _____
3. _____
4. _____
5. _____
6. _____
7. _____
8. _____

ÜBUNGEN

4 **Um wie viel Uhr?** Sehen Sie sich Übung 3 an und antworten Sie schriftlich.

1. *saat ikide*
2. _____
3. _____
4. _____
5. _____
6. _____
7. _____
8. _____
9. _____
10. _____

5 Was gibt es wann bei TRT – INT?

SALI	
05.30	Telegün
06.35	Günaydın
09.10	Dört mevsim kadın
10.10	Kadınlar
11.10	Perihan Abla
12.00	Haberler
12.30	Ne var ne yok?
13.30	Mozaik
14.10	Merhaba Avrupa
15.11	İstekleriniz
15.45	İlk insan Giatrus
16.15	Bisiklet
16.50	Çocuk haber
18.40	CNN Dünya raporu
19.10	Akşama doğru
20.00	Haberler
20.30	Erol Engin Show
21.30	Futbol
23.00	Haberler
23.35	Almanca, İngilizce haberler

1. *Telegün* saat kaçta?
   _____
2. *Bisiklet* saat kaçta?
   _____
3. *Merhaba Avrupa* saat kaçta?
   _____
4. *Günaydın* saat kaçta?
   _____
5. *Ne var ne yok?* saat kaçta?
   _____
6. *CNN Dünya raporu* saat kaçta?
   _____

6 Welche Antwort passt nicht?

1. Saat kaç?
   a. Dördü yirmi geçiyor.
   b. Dörtte.
   c. Dörde çeyrek var.

2. Saat kaçta?
   a. Altıyı çeyrek geçe.
   b. Dokuza on kala.
   c. Yediye beş var.

3. Kimi?
   a. Markus'u ziyaret ediyorum.
   b. Gül'ü bekliyorum.
   c. Fatma'ya gidiyorum.

4. Neyi götürüyorsun?
   a. Kızımı götürüyorum.
   b. Çantayı götürüyorum.
   c. Gözlüğü götürüyorum.

ÜBUNGEN

7 Tragen Sie die passende Frage ein.

saat kaç? / kimi? / saat kaçta? / nereden? / nerede? / neyi? / kime? / kimden?

1. _____ Kurstan geliyorum.
2. _____ Ders yarımda başlıyor.
3. _____ Fatma'dan geliyoruz.
4. _____ Üçü yirmi beş geçiyor.
5. _____ Stuttgart'ta oturuyoruz.
6. _____ Erol'u bekliyorum.
7. _____ Ablama yazıyorum.
8. _____ Bu çantayı.

8 Stellen Sie zu den unterstrichenen Wörtern Fragen.

1. *Ali sinemaya mı gidiyor?*
2. _____?
3. _____?
4. _____?
5. _____?
6. _____?
7. _____?
8. _____?

Evet, Ali <u>sinemaya</u> gidiyor.
Evet, <u>Barbara</u> derse gelmiyor.
Evet, Orhan'ı <u>bekliyorum</u>.
Evet, <u>Güngör'ü</u> ziyaret ediyoruz.
Evet, evde <u>değilim</u>.
Evet, <u>yeni adresini</u> bilmiyorum.
Evet, <u>Barbara'yı</u> bekliyoruz.
Evet, <u>mektup</u> yazıyorum.

9 Vervollständigen Sie die Dialoge.

1.
■ _____ bekliyorsun?
❏ Markus'____ bekliyorum.
■ _____? Markus'____ ____?
❏ Evet, onu.

2.
■ Aloo...
❏ Merhaba, Gül. Ben Deniz. _____?
■ İyiyim.
❏ Bu akşam ne yapıyorsun? Zaman____ var _____?
■ Yok. İstanbul'____ halam____ bekliyorum.
❏ Cumartesi günü nasıl?
■ Boşum.
❏ Güzel. _____ beşe doğru _____ bekliyorum.

3.
■ Affedersiniz, Barbara burada ____?
❏ _____ Barbara?
■ _____ saçlı Barbara.
❏ Yok. Saat üçü çeyrek _____ geliyor.

ÜBUNGEN

10 Übersetzen Sie die folgenden Wörter und Sätze und tragen Sie sie ein.

1. um sechs
2. Zeit
3. Uhr
4. um wie viel (Uhr)?
5. Er bringt hin.
6. Dienstag
7. Viertel
8. wen?
9. dich
10. wie viel?

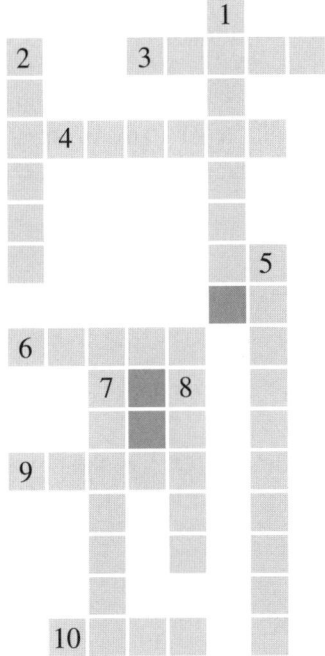

11 Bilden Sie Sätze.

1. ben / saat / gitmek / 12.30
2. Ali / saat / sen / ziyaret etmek / kaç
3. kaç / İzmir / kalkmak / saat / tren
4. ben / çocuk yuvası / götürmek / Ayşe
5. beklemek / ben / cumartesi akşamı / sen
6. kim / sen / beklemek
7. öğle / saat / kaç / yemek

12 Hörverständnisübung

Hören Sie nun, wie Sevinç Hanım von ihrem Tagesablauf erzählt. Lesen Sie folgende Lösungen und hören Sie sich den Bericht ein- oder zweimal an. Kreuzen Sie dann die richtige Variante an.

1. Sevinç Hanım saat kaçta kalkıyor?
   6.00   6.30   7.15
   a. ☐   b. ☐   c. ☐

2. Saat kaçta kızını çocuk yuvasına götürüyor?
   7.45   8.00   8.15
   a. ☐   b. ☐   c. ☐

3. Saat kaçta çay içiyor?
   16.30   16.45   17.00
   a. ☐   b. ☐   c. ☐

4. Akşam yemeği saat kaçta?
   18.45   19.15   19.30
   a. ☐   b. ☐   c. ☐

ALANYA'YA GİTMEK İSTİYORUZ
WIR WOLLEN NACH ALANYA FAHREN

ERLÄUTERUNGEN ZUM SPRACHGEBRAUCH UND ZUR LANDESKUNDE

zu 2

Alanya ist ein beliebter Ferienort am Mittelmeer und liegt in der Nähe von *Antalya*.

Tatil geldi mi, ver elini Türkiye! „Sind die Ferien gekommen, auf in die Türkei!" Der zweite Teil des türkischen Satzes bedeutet wörtlich „Gib mir deine Hand, Türkei". Nach dem Ausdruck *ver elini* muss immer ein Ortsname stehen. Diese Redewendung hört man häufig, wenn über Ferien / Urlaub gesprochen wird.

zu 5

Datça ist ein beliebter Ferienort am Ägäischen Meer unweit von *Marmaris* und *Kaş* ist einer am Mittelmeer. *Kaş* gehört zur Provinz Antalya.

zu 13

Dolmuş ist ein Sammeltaxi oder ein Sammelkleinbus. Sie befahren bestimmte Strecken. Sie werden in den Städten, aber auch über Land eingesetzt. Obwohl sie festgelegte Haltestellen haben, ist es durchaus möglich, sie auf der Strecke anhalten zu lassen und ein- oder auszusteigen.

ERLÄUTERUNGEN ZUR GRAMMATIK

ab 2
wollen
istemek

Das Verb *istemek* entspricht dem deutschen Modalverb „wollen", ist jedoch nicht so kategorisch wie im Deutschen.

Elma istiyorum. „Ich will Äpfel."
Ceketi istiyor musun? „Willst du das Jacket?"
Tatilde kayak yapmak istiyorum. „In den Ferien will ich Ski fahren."

ERLÄUTERUNGEN ZUR GRAMMATIK

zu 7 – 10
Zeitadverbien
Zaman belirteçleri

Für „morgens, mittags, abends, nachts" sagt man im Türkischen *sabahları, öğlenleri, akşamları, geceleri*.

Sabahları jimnastik yapmak istiyorum. „Morgens will ich Gymnastik machen."
Öğlenleri biraz dinlenmek istiyorum. „Mittags will ich mich ein bisschen ausruhen."
Akşamları bir saat kitap okumak istiyorum. „Abends will ich eine Stunde lesen."
Geceleri saat on ikiye doğru yatmak istiyorum. „Nachts will ich gegen zwölf Uhr zu Bett gehen."

„An den Wochenenden" heißt *hafta sonları*.

Hafta sonları tenis oynamak istiyoruz. „An den Wochenenden wollen wir Tennis spielen."

Anstatt *gelecek hafta / gelecek pazartesi* „kommende Woche / kommenden Montag" usw. sagt man auch *haftaya / pazartesiye* usw.

zu 9
Mehmet'le Ursine hafta sonları sörf yapıyorlar. „Mehmet und Ursine surfen am Wochenende."
(siehe Punkt 14)

zu 14
mit
ile

Verhältniswörter stehen im Türkischen nach ihrem Bezugswort. Sie werden deshalb auch Postpositionen genannt. Das Verhältniswort *ile* „mit" kommt selbstständig, weitaus häufiger jedoch als Suffix vor.
Als Suffix ist es zweiförmig und wird nicht betont. Nach Vokal steht statt dem ersten *i* ein *y*, also **-yle / -yla**. Nach Konsonant fällt das erste *i* aus.

Womit?
Ne ile? / Neyle?

otobüs ile / otobüsle	„mit dem Bus"
tramvay ile / tramvayla	„mit der Straßenbahn"
taksi ile / taksiyle	„mit dem Taxi"
metro ile / metroyla	„mit der U-Bahn"

ERLÄUTERUNGEN ZUR GRAMMATIK 11

Mit wem?
Kimin ile?/ Kiminle?/ Kim ile / Kimle?

Ayşe ile / Ayşe'yle   „mit Ayşe"
Turgut ile / Turgut'la   „mit Turgut"

Beachten Sie, wie *ile* in Verbindung mit Personalpronomen verwendet wird:

benimle	*mit mir*	bizimle	*mit uns*
seninle	*mit dir*	sizinle	*mit euch / Ihnen*
onunla	*mit ihm / ihr*	onlarla	*mit ihnen*

und
ile

Wie Sie unter Punkt 9 gesehen haben, kann *ile* auch „und" bedeuten, wenn es zwischen zwei Nomen steht.

Antalya ile Alanya / Antalya'yla Alanya Türkiye'de iki turistik şehir. „Antalya und Alanya sind zwei touristische Städte in der Türkei."

ÜBUNGEN 11

1 Kreisen Sie das Wort ein, das Sie hören. (38-39)

1. kirişle / girişle
2. közle / gözle
3. gülle / külle
4. gıygıyla / kıygıyla
5. gırla / kırla
6. guşa / kuşa

2 Das Verhältniswort *ile*: Hören Sie zu und sprechen Sie nach.

Ne ile?	Neyle?
bisiklet ile	bisiklet*le*
otobüs ile	otobüs*le*
uçak ile	uçak*la*
vapur ile	vapur*la*
araba ile	araba*yla*
taksi ile	taksi*yle*
metro ile	metro*yla*
Kim ile?	Kimle?
Kimin ile?	Kiminle?
İbrahim ile	İbrahim'*le*
Ferdi ile	Ferdi'*yle*
Orhan ile	Orhan'*la*
Barbara ile	Barbara'*yla*

3 Welches Wort passt nicht? Kreisen Sie ein.

1. gün: cuma, kayak, salı, pazar
2. ay: ocak, mart, dolmuş, eylül
3. saat: çeyrek, kala, geçe, kaçta, ile
4. zaman: hafta, yıl, havaalanı, önce, ay
5. tatil: ver elini Alanya, sörf yapmak, tatil yapmak, oturmak

4 Welche Antwort passt?

1. Ne zaman tatile çıkıyorsunuz?
   - a. Kursa katılmak istiyorum.
   - b. Yüzmek istiyorum.
   - c. Ağustosta istiyorum.

2. Ne zaman?
   - a. Haziranda.
   - b. Okulda.
   - c. Kebapçıda.

3. Tatilde ne yapmak istiyorsun?
   - a. Çiçekleri sulamak istiyorum.
   - b. Kayak yapmak istiyorum.
   - c. Temizlik yapmak istiyorum.

4. Hangi ayda?
   - a. Tatilde.
   - b. Davette.
   - c. Nisanda.

5 Vervollständigen Sie die Dialoge.

1.
- ■ Ne zaman tatile _____ ?
- ❑ İnşallah temmuzda. Ya sen?
- ■ Ben eylülde _____ istiyorum.

2.
- ■ Hafta sonu ne _____ ?
- ❑ Hafta sonları biz sinemaya _____, ama gelecek hafta sonu evde _____, televizyon _____ istiyoruz. Ya siz?
- ■ Biz şehir _____ yapmak _____.

ON BİRİNCİ DERS

ÜBUNGEN 11

3.
- ■ Astrid ne iş _____ ?
- ❏ Garson _____ çalışıyor.
- ■ Astrid Türkçe _____ ?
- ❏ Hayır, ama öğrenmek _____ .

4.
- ■ Tatilde _____ yapıyorsun?
- ❏ Tatil geldi mi, _____ Antalya. Ya sen?
- ■ Ben ____ Türkiye'ye gidiyorum, ama Antalya'ya _____, Kaş'a.
- ❏ Hangi _____ ?
- ■ Mayısta.
- ❏ Kaç hafta _____ istiyorsun?
- ■ Üç hafta.

6 Wohin oder zu wem? Womit?

1. Eczaneye yayan gidiyorum.
2. Türkiye'ye _____   bisiklet
3. Doktora _____   araba
4. Kursa _____   dolmuş
5. Tatile _____   otobüs
6. Datça'ya _____   tramvay
7. Alışverişe _____   uçak
8. İşe _____   metro
9. Ulrike'ye _____   taksi

7 Welche Antwort passt zu welcher Frage?

1. Tatilde ne yapıyorsunuz?
2. Tatile ne zaman çıkıyorsunuz?
3. Yine sinemaya mı?
4. İşe neyle gidiyorsun?
5. Anlamadım. Ne istiyorlar?
6. Gisela ne yapmak istiyor?
7. Bu kimin arabası?

a. Yirmi sekiz martta.
b. Arabamla. Ya sen?
c. Kursa katılmak.
ç. Ben de bilmiyorum.
d. Ina'nın.
e. Tatil geldi mi, ver elini Türkiye.
f. Hayır, bu hafta sonu tiyatroya.

8 Fügen Sie die passenden Suffixe an.

1. Onlar kurs____ katıl_____ istiyor.
2. Sen yarın akşam ne yap____ istiyor____ ?
3. Tom gelecek ay tatil____ çıkıyor.
4. Hafta son_____ ne yapıyorsun?
5. Salı akşam_____ sinema____ gidiyor.
6. Siz sörf yap_____ mı istiyor_____ ?
7. Ankara tren__ saat kaç____ kalkıyor?

ÜBUNGEN

9 Was haben die unten abgebildeten Personen vor? Vervollständigen Sie.

1. Jale her yıl eylülde tatile çıkıyor. Bu yıl _____ tatile çıkmak istiyor.
2. Gerald Bey çarşamba günleri yüzüyor. Gelecek çarşamba _____
3. Urs Bey Basel'e her zaman arabasıyla gidiyor. Yarın akşam _____
4. Metin'le Nadja hafta sonları yelkenli sürüyorlar. Gelecek hafta sonu _____
5. Neşe öğleden önceleri temizlik yapıyor. Yarın öğleden önce _____
6. Martha işten sonra her akşam jimnastik yapıyor. Bu akşam işten sonra _____

10 Tragen Sie die passende Frage ein.

saat kaçta? / neyle? / kimden? / ne? / ne zaman? / kiminle? / kimin?

1. _____ geliyorsunuz?
2. Bu alışveriş çantası _____?
3. Winterthur treni _____ kalkıyor?
4. Kursa _____ geliyorsun?
5. Sinemaya _____ gidiyorsun?
6. _____ istiyorsunuz? Anlamadım.
7. Tatile _____ çıkmak istiyorsun?

11 Übersetzen Sie die folgenden Wörter und tragen Sie sie ein.

1. wollen
2. Jahr
3. von der Arbeit
4. Monat
5. nach (temporal)
6. Ferien
7. März
8. vor (temporal)
9. womit?
10. morgen
11. September
12. mit
13. drei
14. Flughafen

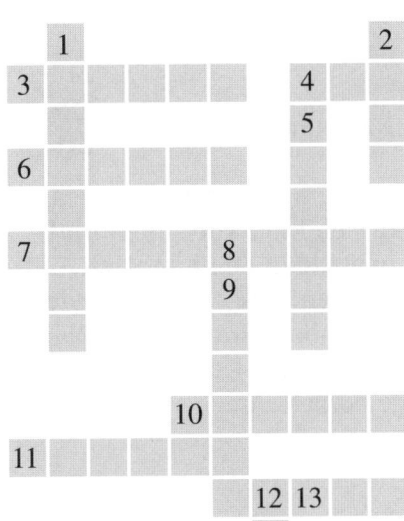

ON BİRİNCİ DERS

ÜBUNGEN 11

12 Fügen Sie *ile* in der Bedeutung von „und" dem Bezugswort an.

1. Sabine ile Oğuz cuma günü geliyor.
2. Suzan ile Barış ne yapmak istiyor?
3. Heiko ile Sevim nerede?
4. Karin ile Anita Türkçe kursuna katılmak istiyor.
5. Saat ile ceket almak istiyorum.
6. Işık ile Marion'u bekliyoruz.

13 Bilden Sie Sätze.

1. sen / yarın akşam / sinema / istememek / gitmek?
2. ben / iş / metro / gitmek
3. siz / gelecek hafta sonu / yapmak / ne / istemek
4. Timur / gelmek / tren / pazar akşamı / ile?
5. sen / ne zaman / bu yıl / çıkmak / tatil / istemek
6. onlar / dağa çıkmak / gelecek cumartesi / Interlaken
7. kim / sen / ile / oturmak

14 Hörverständnisübung

Hören Sie nun, wie Günther, Gisela und Ulrike sich kurz vorstellen und erzählen, was sie in den nächsten Ferien vorhaben. Lesen Sie folgende Lösungen und hören Sie sich den Dialog ein- oder zweimal an. Kreuzen Sie dann die richtige Variante an.

1. Günther tatilde Çeşme'de
   a. sörf yapmak
   b. arkadaşlarını ziyaret etmek
   c. yelkenli sürmek istiyor.

2. Gisela
   a. Alanya'ya gitmek, dinlenmek
   b. İstanbul'da müzeye gitmek
   c. önce eşinin ailesini ziyaret etmek, sonra Kaş'ta yelkenli sürmek istiyor.

3. Ulrike
   a. İzmir'e gitmek
   b. İstanbul'da hem arkadaşlarını ziyaret etmek, hem Türkçe kursuna katılmak
   c. Türkiye turu yapmak istiyor.

DÜN NE YAPTINIZ?
WAS HABEN SIE GESTERN GEMACHT?

ERLÄUTERUNGEN ZUM SPRACHGEBRAUCH UND ZUR LANDESKUNDE

zu 2

Trabzon ist eine Hafenstadt am östlichen Schwarzen Meer. In der Stadt gibt es zahlreiche Bauwerke aus byzantinischer und osmanischer Zeit. Südlich von Trabzon befindet sich das vielbesuchte, jahrtausendealte Kloster *Sumela,* das 1200 m über dem Meeresspiegel an einem steilen Berghang liegt. Dorthin kann man nur über eine steile, enge Treppe gelangen.

ERLÄUTERUNGEN ZUR GRAMMATIK

ab 1
Die Vergangenheit auf -*di*
Di'li geçmiş zaman

Diese türkische Vergangenheit drückt stets ein abgeschlossenes Geschehen aus. Sie wird durch das vierförmige Suffix *-di* (nach stimmlosen Konsonanten *-ti*) gebildet, das an den Verbalstamm angehängt wird. Zur Kennzeichnung der 1. und 2. Person werden personenanzeigende Suffixe angefügt: Diese Suffixe weichen von den Personalsuffixen, die Sie schon kennen, ein wenig ab. Bei den bejahten Formen liegt die Betonung auf der letzten Silbe, bei den verneinten liegt die Betonung vor der Verneinungssilbe.

	GELMEK *kommen*		GELMEMEK *nicht kommen*	
ben	geld**im**	geldim mi?	gelme**dim**	gelmedim mi?
sen	geld**in**	geldin mi?	gelme**din**	gelmedin mi?
o	gel**di**	geldi mi?	gelme**di**	gelmedi mi?
biz	geld**ik**	geldik mi?	gelme**dik**	gelmedik mi?
siz	geld**iniz**	geldiniz mi?	gelme**diniz**	gelmediniz mi?
onlar	gel**di**(ler)	geldi(ler) mi?	gelme**di**(ler)	gelmedi(ler) mi?

ERLÄUTERUNGEN ZUR GRAMMATIK 12

	GÜLMEK *lachen*		GÜLMEMEK *nicht lachen*	
ben	gül**dü***m*	güldüm mü?	gülme**di***m*	gülmedim mi?
sen	gül**dü***n*	güldün mü?	gülme**di***n*	gülmedin mi?
o	gül**dü**	güldü mü?	gülme**di**	gülmedi mi?
biz	gül**dü***k*	güldük mü?	gülme**di***k*	gülmedik mi?
siz	gül**dü***nüz*	güldünüz mü?	gülme**di***niz*	gülmediniz mi?
onlar	gül**dü**(ler)	güldü mü? güldüler mi?	gülme**di**(ler)	gülmedi(ler) mi?

	YAZMAK *schreiben*		YAZMAMAK *nicht schreiben*	
ben	yaz**dı***m*	yazdım mı?	yazma**dı***m*	yazmadım mı?
sen	yaz**dı***n*	yazdın mı?	yazma**dı***n*	yazmadın mı?
o	yaz**dı**	yazdı mı?	yazma**dı**	yazmadı mı?
biz	yaz**dı***k*	yazdık mı?	yazma**dı***k*	yazmadık mı?
siz	yaz**dı***nız*	yazdınız mı?	yazma**dı***nız*	yazmadınız mı?
onlar	yaz**dı**(lar)	yazdı(lar) mı?	yazma**dı**(lar)	yazmadı(lar) mı?

	SORMAK *fragen*		SORMAMAK *nicht fragen*	
ben	sor**du***m*	sordum mu?	sorma**dı***m*	sormadım mı?
sen	sor**du***n*	sordun mu?	sorma**dı***n*	sormadın mı?
o	sor**du**	sordu mu?	sorma**dı**	sormadı mı?
biz	sor**du***k*	sorduk mu?	sorma**dı***k*	sormadık mı?
siz	sor**du***nuz*	sordunuz mu?	sorma**dı***nız*	sormadınız mı?
onlar	sor**du**(lar)	sordu mu? sordular mı?	sorma**dı**(lar)	sormadı(lar) mı?

	GİTMEK *gehen*		GİTMEMEK *nicht gehen*	
ben	git**ti***m*	gittim mi?	gitme**di***m*	gitmedim mi?
sen	git**ti***n*	gittin mi?	gitme**di***n*	gitmedin mi?
o	git**ti**	gitti mi?	gitme**di**	gitmedi mi?
biz	git**ti***k*	gittik mi?	gitme**di***k*	gitmedik mi?
siz	git**ti***niz*	gittiniz mi?	gitme**di***niz*	gitmediniz mi?
onlar	git**ti**(ler)	gitti(ler) mi?	gitme**di**(ler)	gitmedi(ler) mi?

	ÇALIŞMAK *arbeiten*		ÇALIŞMAMAK *nicht arbeiten*	
ben	çalış**tı***m*	çalıştım mı?	çalışma**dı***m*	çalışmadım mı?
sen	çalış**tı***n*	çalıştın mı?	çalışma**dı***n*	çalışmadın mı?
o	çalış**tı**	çalıştı mı?	çalışma**dı**	çalışmadı mı?
biz	çalış**tı***k*	çalıştık mı?	çalışma**dı***k*	çalışmadık mı?
siz	çalış**tı***nız*	çalıştınız mı?	çalışma**dı***nız*	çalışmadınız mı?
onlar	çalış**tı**(lar)	çalıştı(lar) mı?	çalışma**dı**(lar)	çalışmadı(lar) mı?

ERLÄUTERUNGEN ZUR GRAMMATIK

Geldim. „Ich bin gekommen. / Ich kam."
Gittim. „Ich bin gegangen. / Ich ging."

Dün ne yaptınız? „Was haben Sie gestern gemacht?"
Konsere gittim. „Ich bin ins Konzert gegangen."
Sen ne yaptın? „Was hast du gemacht?"

Geçen hafta sonu tenis oynadık. „Vergangenes Wochenende haben wir Tennis gespielt."

zu 2
hiçbir

Hiçbir steht immer zusammen mit einem Bezugswort und *yok* oder einer verneinten Verbform:

Evelyn'den hiçbir haber yok. „Von Evelyn gibt es gar keine Nachricht."
Hiçbir şey istemiyorum. „Ich will gar nichts."

zu 5
für
için

Das Verhältniswort *için* „für" steht nach seinem Bezugswort. Ist das Bezugswort ein Substantiv, steht dieses im Nominativ.

Teyzem için yemek pişirdim. „Ich habe für meine Tante Essen gekocht."

Beachten Sie jedoch, wie *için* in Verbindung mit Personalpronomen verwendet wird:

benim için	*für mich*	bizim için	*für uns*
senin için	*für dich*	sizin için	*für euch / Sie*
onun için	*für ihn / sie*	onlar için	*für sie*

Bu çay kimin için? „Für wen ist dieser Tee?" – *Senin için.* „Für dich."

ÜBUNGEN

41-42

1 Kreisen Sie das Wort ein, das Sie hören.

1. geldi   güldü
2. gitti   güttü
3. sezdi   süzdü
4. kırdı   kurdu
5. kıstı   kustu
6. sundu   sındı

2 Das vierförmige Suffix *-di*: Hören Sie zu und sprechen Sie nach.

a. geld*i*m   yüzd*ü*m
   geld*i*n   yüzd*ü*n
   geld*i*   yüzd*ü*
   geld*i*k   yüzd*ü*k
   geld*i*niz   yüzd*ü*nüz
   geld*i*ler   yüzd*ü*ler

   yazd*ı*m   okud*u*m
   yazd*ı*n   okud*u*n
   yazd*ı*   okud*u*
   yazd*ı*k   okud*u*k
   yazd*ı*nız   okud*u*nuz
   yazd*ı*lar   okud*u*lar

   çalışt*ı*m   çalışt*ı*k
   çalışt*ı*n   çalışt*ı*nız
   çalışt*ı*   çalışt*ı*lar

b. Geld*i*niz mi?   Yüzd*ü*nüz mü?
   Geld*i*n mi?   Yüzd*ü*n mü?

   Yazd*ı*nız mı?   Okud*u*nuz mu?
   Yazd*ı*n mı?   Okud*u*n mu?

3 Was passt nicht?

1.
   a. Biraz önce işe mi gitti?
   b. Çocuk doktorundan mı geldin?
   c. Gözlüklü adam kim?

2.
   a. Çay içtiniz mi?
   b. Ahmet Bey Suzan'ın eşi mi?
   c. Yüzdün mü?

3.
   a. Kursa gittik.
   b. Derse geldik.
   c. Çocuk yuvasına gitti.

4.
   a. Sinemaya mı gidiyorsunuz?
   b. Diskotekten mi geliyorsunuz?
   c. Çay mı içiyoruz?

4 Welche Antwort gehört zu welcher Frage?

1. Berlin'e ne zaman geldiniz?
2. Hafta sonu ne yaptınız?
3. Dün akşam sinemaya gittiniz mi?
4. Uwe ne iş yaptı?
5. Nasıl Türkçe öğreniyorsunuz?
6. Zeynep büroda mı?
7. Bu kim?

ÜBUNGEN

a. Dedem hasta. Hastaneye gittik.
b. Şoför olarak çalıştı.
c. Kursa gidiyoruz.
ç. Hayır, gelmedi.
d. Gabi'nin yeni meslektaşı.
e. Geçen ay.
f. Hayır, tiyatroya gittim.

5 Vervollständigen Sie die Dialoge.

1.
■ Siz dün akşam nereye _____?
❏ Biz sinemaya _____. Ya siz, ne yaptınız?
■ Ben televizyon _____, kitap _____.

2.
■ Çay mı, kahve mi?
❏ Ben kahve _____ istiyorum.
■ Ursina'ya ne _____ telefon _____?
❏ Biraz önce.

3.
■ Yıldız Hanım nerede?
❏ Kızı hasta. Kızını doktora _____.
■ _____ doktora?
❏ Tabii, çocuk _____.
■ Saat _____?
❏ Dokuza doğru. Siz kimsiniz?
■ Yıldız'_____ arkadaşıyım. Aynı _____ oturuyoruz.

6 Die Sätze des Dialogs sind durcheinander geraten. Ordnen Sie sie.

Güngör: Bilmiyor musun? Barbara Antalya'dan iki gün önce geldi.
Ahmet: Sahi mi? Antalya'da ne yaptın?
Barbara: Tatil yaptım, Türkçe kursuna gittim.
Barbara: Teşekkür ederim.
Ahmet: Ya akşamları? Akşamları da mı Türkçe öğrendin?
Barbara: İyi günler Ahmet. Nasılsın?
Ahmet: Sağ ol. Bugün çok iyi görünüyorsun.
Güngör: Ne güzel Türkçe konuşuyorsun!
Ahmet: Merhaba, Barbara.
Barbara: Tabii! Diskotekte, yemekte, kahvaltıda her zaman Türkçe konuştum.

1. _____
2. _____
3. _____
4. _____
5. _____
6. _____
7. _____
8. _____
9. _____
10. _____

ÜBUNGEN

7 Übersetzen Sie die folgenden Wörter und Sätze und tragen Sie sie ein:

1. gestern
2. Er hat nicht gelesen.
3. drei
4. Er ist nicht gekommen.
5. unser Großvater
6. Wir haben nicht gelacht.
7. Du bist geschwommen.
8. Er hat gelacht.
9. Wir sind gegangen.
10. Ich habe geschrieben.
11. Er hat gelesen.

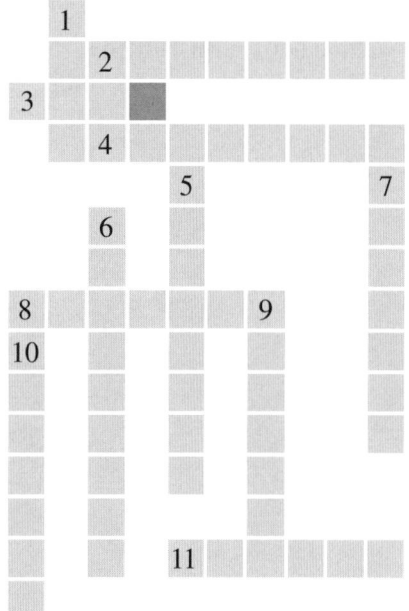

8 Fügen Sie die passenden Suffixe an.

1. Biz kurs_____ geldik.
2. Sen dün ne yap_____?
3. Barbara geçen yıl garson olarak çalış___.
4. Siz gelecek hafta sonu Türk lokanta___ mı gitmek istiyor_____?
5. Biz dün akşam televizyon izleme____, kitap oku_____.
6. Timur mektup yaz____, ama telefon etme____.
7. Sen kurs_____ ne zaman başlamak istiyor____?

9 Wie lautet die Frage?

1. _____? Dün lokantaya gittik.
2. _____? Gül'ün babası.
3. _____? Yüzdük.
4. _____? Ali işe gitti.
5. _____? Mektup mu? Dün yazdım.
6. _____? Ayşe pazartesi akşamı geldi.
7. _____? Tenis oynadım.

10 Bilden Sie Sätze.

1. sen / dün / kaç / kalkmak / saat
2. siz / dün / tiyatro / gitmemek?
3. sen / dün / gitmek / nereye
4. Ali / gelmek / geçen pazar akşamı?
5. arkadaşın / ne zaman / yazmak / kart / sen
6. onlar / gelmek / ne zaman / Viyana
7. sen / bizi / unutmak?

ÜBUNGEN

11 Was haben die abgebildeten Personen gemacht?

1. _____
2. _____
3. _____
4. _____

12 Hörverständnisübung

Hören Sie nun, wie vier Freunde sich treffen und erzählen, was sie am Wochenende gemacht haben. Lesen Sie folgende Lösungen und hören Sie sich den Dialog ein- oder zweimal an. Kreuzen Sie dann die richtige Variante an.

1. Pervin
   a. Türk lokantasına gitti.
   b. ders çalıştı.
   c. roman okudu.

2. Uğur
   a. yüzdü.
   b. tenis oynadı.
   c. yemek pişirdi, futbol oynadı.

3. Sezen
   a. piknik yaptı.
   b. diskoteğe gitti.
   c. televizyon izledi.

4. Aydın
   a. Almanca kursuna gitti.
   b. Kerstin'i ziyaret etti.
   c. parkta gezdi.

ON İKİNCİ DERS

DÜN NEREDEYDİNİZ?
WO WAREN SIE GESTERN?

ERLÄUTERUNGEN ZUM SPRACHGEBRAUCH UND ZUR LANDESKUNDE

zu 2

Şimdi her gün kahvedeyim. „Jetzt bin ich jeden Tag im Café." Es gibt in der Türkei auch reine Männercafés, vor allem auf dem Land. Obwohl diese Cafés traditionell von Frauen nicht betreten werden, kann man hin und wieder sehen, dass Touristinnen dort etwas trinken.

ERLÄUTERUNGEN ZUR GRAMMATIK

ab 1
Das Hilfsverb *idi*
Ekeylem: idi

Das Hilfsverb *idi* hat eine breite Anwendung. In dieser Lektion wird es in der Bedeutung „war" verwendet. Es kommt selbstständig, weitaus häufiger jedoch als Suffix vor.

1. Selbstständig:

idim	*ich war*	idik	*wir waren*
idin	*du warst*	idiniz	*ihr wart / Sie waren*
idi	*er, sie, es war*	idi(ler)	*sie waren*

Evde idim. „Ich war zu Hause."

2. Als Suffix:

Als Suffix ist *idi* vierförmig. Nach Vokal steht statt dem ersten *i* ein *y*, also *-ydi*. Nach Konsonant fällt das erste *i* aus und nach stimmlosen Konsonanten wird *-di* zu *-ti*. Als Suffix wird diese Form nicht betont.

ERLÄUTERUNGEN ZUR GRAMMATIK

a. Nach Vokalen

1. Pers. Sg.	-ydim	-ydüm	-ydım	-ydum
2. Pers. Sg.	-ydin	-ydün	-ydın	-ydun
3. Pers. Sg.	-ydi	-ydü	-ydı	-ydu
1. Pers. Pl.	-ydik	-ydük	-ydık	-yduk
2. Pers. Pl.	-ydiniz	-ydünüz	-ydınız	-ydunuz
3. Pers. Pl.	-ydi(ler)	-ydü(ler)	-ydı(lar)	-ydu(lar)

In Fragesätzen wird *idi* an *mi* angefügt.

Dün neredeydin? – Evdeydim. „Wo warst du gestern? – Ich war zu Hause."
Ali bürodaydı. „Ali war im Büro."
Dün tiyatroda mıydınız? „Waren Sie gestern im Theater?"
Ali tatilde miydi? „War Ali in den Ferien?"
Bu Ayşe değil miydi? „War das nicht Ayşe?"

b. Nach Konsonanten

1. Pers. Sg.	-dim	-düm	-dım	-dum
2. Pers. Sg.	-din	-dün	-dın	-dun
3. Pers. Sg.	-di	-dü	-dı	-du
1. Pers. Pl.	-dik	-dük	-dık	-duk
2. Pers. Pl.	-diniz	-dünüz	-dınız	-dunuz
3. Pers. Pl.	-di(ler)	-dü(ler)	-dı(lar)	-du(lar)

Şimdi düzenliyim, eskiden düzensizdim. „Jetzt bin ich ordentlich, früher war ich unordentlich."

Şimdi gözlüklüyüm, eskiden gözlüksüzdüm. „Jetzt trage ich eine Brille (ich bin mit Brille), früher trug ich keine Brille (ich war ohne Brille)."

Şimdi sakallıyım, eskiden sakalsızdım. „Jetzt trage ich einen Bart (ich bin mit Bart), früher trug ich keinen Bart (ich war ohne Bart)."

İyimserdim. „Ich war optimistisch."
Yorgunduk. „Wir waren müde."
Bu kimdi? „Wer war das?"
Açtım. „Ich war hungrig."
Doçenttim. „Ich war Dozent."

Eskiden çok arkadaşım vardı. „Früher hatte ich viele Freunde."
Markus dün derste yoktu. „Markus war gestern nicht im Unterricht."

Kötümserdi. „Er war pessimistisch."
Yorgundu. „Er war müde."

ÜBUNGEN

44-45

1 Kreisen Sie das Wort ein, das Sie hören.

1. dadıydı   tatıydı
2. atıydı   adıydı
3. katıydı   kadıydı
4. terimdi   derimdi
5. közdü   köstü
6. buzdu   bozdu

2 Die Form *idi* als Suffix: Hören Sie zu und sprechen Sie nach.

a. işsiz*di*m   gözlüksüz*dü*m
    işsiz*di*n   gözlüksüz*dü*n
    işsiz*di*   gözlüksüz*dü*
    işsiz*di*k   gözlüksüz*dü*k
    işsiz*di*niz   gözlüksüz*dü*nüz
    işsiz*di*ler   gözlüksüz*dü*ler

    sakalsız*dı*m   yorgun*du*m
    sakalsız*dı*n   yorgun*du*n
    sakalsız*dı*   yorgun*du*
    sakalsız*dı*k   yorgun*du*k
    sakalsız*dı*nız   yorgun*du*nuz
    sakalsız*dı*lar   yorgun*du*lar

b. Dün nerede*ydi*niz?
    Evde*ydi*m.   Sinemada*ydı*m.
    Evde*ydi*k.   Sinemada*ydı*k.

3 Vervollständigen Sie.

	kötümser	yorgun
Ben		
Sen		
O	kötümserdi.	yorgundu.
Biz		yorgun**duk**.
Siz		
Onlar		

4 Was passt nicht?

1.
   a. Yorgunduk.
   b. Düzenliydik.
   c. Evdeydik.

2.
   a. Sarışındı.
   b. Asistandı.
   c. Müdürdü.

3.
   a. Kurstaydın.
   b. Dersteydin.
   c. Hastaydın.

4.
   a. Sinemada mıydınız?
   b. Konserde miydiniz?
   c. Yorgun muydunuz?

ÜBUNGEN

5 Welche Antwort gehört zu welcher Frage?

1. Ne iş yapıyorsunuz?
2. Pazar günü neredeydiniz?
3. Kadın nasıldı?
4. Salı akşamı ne yaptın?
5. Dün akşam sinemada mıydın?
6. O kimdi?
7. Film nasıldı?
8. Ne zaman geldi?

a. Sarışın, uzun boyluydu.
b. Hayır, Barbara'daydım.
c. Televizyon izledim.
ç. Artık çalışmıyorum, emekliyim.
d. Biz tiyatrodaydık.
e. Geçen cuma akşamı.
f. Temel Kaptan'dı.
g. Fena değildi.

6 Vervollständigen Sie die Dialoge.

1.
- Dün akşam nerede_____? Sana telefon _____, evde yok_____.
- Sinemada _____.
- Film _____?
- Çok güzeldi. Sen ne yap_____?
- Ben evde _____.

2.
- Biz hafta sonu Münih'_____. Siz _____?
- Benim çok işim _____, çalıştım.

3.
- Sen tatilde _____?
- Ben yine Antalya'_____. Ya siz?
- Biz _____? Biz tatilde İsviçre'____, kayak _____.

7 Wie lautet die Frage?

1. _____? Dün lokantaydaydık.
2. _____? Kuafördeydim.
3. _____? Sörf yaptım.
4. _____? Film çok güzeldi.
5. _____? Hafta sonuydu.
6. _____? Ali'ydi.
7. _____? Eskiden mutluydu.

8 Fügen Sie die passenden Suffixe an.

1. Ben ocak_____ doğdum.
2. Sen dün burada mı_____?
3. Sevgi'_____ iki yaş_____kızı var.
4. Süreyya Bey öğretmen____. İki yıl önce emekli ol_____.
5. Biz temmuz_____ Antalya'_____.
6. Sen dün derste niçin yorgun_____?
7. Hangi ay_____ tatil____ çıkıyorsunuz?

9 Setzen Sie die Sätze in die Vergangenheit.

1. Film güzel.
2. Saat üçte parktayız.
3. Diskotekte misin?
4. Halk Yüksek Okulu'ndan mı geliyorlar?
5. Bugün telefonum var.
6. Tatilde ne mi yapıyoruz?
7. Suzan pazar günü bizde.

ÜBUNGEN

10 Was haben folgende Personen im Urlaub gemacht?

1. Heidi
   _____

2. Uwe
   _____

3. Turgut
   _____

4. Sevgi'yle Songül
   _____

5. Uta'yla Mehmet
   _____

① Heidi

② Uwe

③ Turgut

④ Sevgi & Songül

⑤ Uta & Mehmet

ÜBUNGEN

11 Übersetzen Sie die folgenden Wörter und Sätze und tragen Sie sie ein.

1. Wo waren Sie?
2. Woche
3. weshalb?
4. vergangen
5. woher?
6. Er war Direktor.
7. Wir waren in den Ferien.
8. Er hat geschrieben.
9. Dienstag
10. früher
11. Februar

12 Bilden Sie Sätze.

1. sen / dün / gelmemek / neden
2. biz / dün / tiyatro
3. dün / Uwe / dönmek / tatil
4. biz / dün akşam / Burcu
5. ne zaman / tatil / sen / çıkmak
6. biz / ağustos / Berlin / değil
7. tatil / nerede / sen

13 Hörverständnisübung

Hören Sie nun, wie drei Freunde sich treffen und erzählen, wo sie in den Ferien waren und was sie gemacht haben. Lesen Sie folgende Lösungen und hören Sie sich den Dialog ein- oder zweimal an. Kreuzen Sie dann die richtige Variante an.

1. Güler
   a. Marmaris'teydi, yüzdü, dinlendi.
   b. Zürih'teydi, arkadaşlarını ziyaret etti, gezdi.
   c. İzmir'deydi, kamp yaptı.

2. Hüseyin
   a. Çeşme'deydi, sörf yaptı.
   b. İzmir'deydi, bir kursa katıldı, gezdi.
   c. Marmaris'teydi, dinlendi, yüzdü.

3. Kerstin
   a. İzmir'de bir ay Türkçe kursuna katıldı, bir hafta kamp yaptı.
   b. Alanya'da bir ay kamp yaptı.
   c. Marmaris'teydi, yüzdü.

BURALARDA PANSİYON VAR MI?
GIBT ES HIER IN DER GEGEND EINE PENSION?

ERLÄUTERUNGEN ZUM SPRACHGEBRAUCH UND ZUR LANDESKUNDE

zu 9

Topkapı Sarayı „der Topkapi Serail" befindet sich in der Altstadt von Istanbul und war die Residenz von türkischen Sultanen. Heute ist er ein Museum.

Eminönü Meydanı ist ein Platz in Istanbul am „Goldenen Horn", einer ca. 6 km langen Meeresbucht am Südende des Bosporus auf der europäischen Seite.

Sirkeci Garı ist der große Kopfbahnhof auf der europäischen Seite Istanbuls, unweit vom *Gülhane Parkı*.

zu 11

Kapalı Çarşı „der überdachte Basar" – ein Riesenkomplex in der Altstadt von Istanbul mit zahlreichen kleinen Geschäften und von jeher eine große Touristenattraktion.

ERLÄUTERUNGEN ZUR GRAMMATIK

ab 1
Ortsangaben
Yer adları

Üst, alt, arka, yan, iç, ön, ara dienen im Türkischen dazu, eine Ortsangabe zu machen. Auf die Frage *nerede?* „wo?" stehen diese Wörter nach ihrem Bezugswort, das häufig im Genitiv steht. Diese Wörter bekommen das Possessivsuffix der 3. Person Singular, das hinzuzufügende *n* und das Lokativsuffix:

Kedi masanın üstünde. „Die Katze ist (sitzt) auf dem Tisch."
Kedi masanın altında. „Die Katze ist (sitzt) unter dem Tisch."
Kedi masanın arkasında. „Die Katze ist (sitzt) hinter dem Tisch."
Kedi masanın yanında. „Die Katze ist (sitzt) neben dem Tisch."
Kedi sepetin içinde. „Die Katze ist (sitzt) im Korb."
Kedi televizyonun önünde. „Die Katze ist (sitzt) vor dem Fernseher."
Kedi radyo ile ütünün arasında. „Die Katze ist (sitzt) zwischen dem Radio und dem Bügeleisen."
Karşıda bir otel var. Dolmuşlar onun önünde duruyor. „Da drüben ist ein Hotel. Die Sammeltaxis halten davor."

Richtungsangaben
Yön adları

Üst, alt, arka, yan, iç, ön, ara dienen im Türkischen auch dazu, eine Richtungsangabe zu machen. Auf die Frage *nereden?* „woher?" und *nereye?* „wohin?" stehen diese Wörter nach ihrem Bezugswort, das häufig im Genitiv steht. Diese Wörter bekommen das Possessivsuffix der 3. Person Singular, das hinzuzufügende *n* und das Dativ- oder Ablativsuffix:

Arabamı postanenin önüne park ettim. „Ich habe mein Auto vor der Post abgestellt."
Otobüsler otelin önünden kalkıyor. „Die Busse fahren vor dem Hotel ab."

ab 9
Imperativ
Buyuru

Die Imperativform 2. Person Singular ist der reine bejahte oder verneinte Verbalstamm. Bitte beachten Sie, dass die 2. Person Plural in zwei Varianten vorkommt; die längere ist offizieller. Es ist ebenso möglich, indirekte Aufforderungen, auch in Frageform, an 3. Personen zu stellen.
Die Imperativsuffixe ziehen den Ton nicht auf sich.

ERLÄUTERUNGEN ZUR GRAMMATIK 14

	GELMEK	GÖRMEK	BAKMAK	UNUTMAK
(sen)	gel	gör	bak	unut
(o)	gel**sin**	gör**sün**	bak**sın**	unut**sun**
(siz)	gel**in** / gel**iniz**	gör**ün** / gör**ünüz**	bak**ın** / bak**ınız**	unut**un** / unut**unuz**
(onlar)	gel**sin**(ler)	gör**sün**(ler)	bak**sın**(lar)	unut**sun**(lar)
	gelmemek	görmemek	bakmamak	unutmamak
(sen)	gelme	görme	bakma	unutma
(o)	gelmesin	görmesin	bakmasın	unutmasın
(siz)	gelmeyin / gelmeyiniz	görmeyin / görmeyiniz	bakmayın / bakmayınız	unutmayın / unutmayınız
(onlar)	gelmesin(ler)	görmesin(ler)	bakmasın(lar)	unutmasın(lar)

Gel! „Komm!", *Gelsin!* „Er soll kommen.", *Gelsin mi?* „Soll er kommen?", *Gelin! / Geliniz!* „Kommt! / Kommen Sie!"

Die Imperativformen werden sehr oft zusammen mit *güle güle* verwendet. Der Sprecher wünscht damit seinem Gesprächspartner, dass das, was ihn betrifft, *mit Freude* in Verbindung stehen soll.

A: *Türkçe öğreniyorum.* „Ich lerne Türkisch."
B: *Güle güle öğren / öğrenin!* „Lerne / lernen Sie mit Freude!"

A: *Yeni bir tişört aldım.* „Ich habe ein neues T-Shirt gekauft."
B: *Güle güle giy / giyin!* „Trage / tragen Sie es mit Freude!"

A: *Bu yeni arabam.* „Das ist mein neues Auto."
B: *Güle güle kullan / kullanın!* „Fahre / fahren Sie es mit Freude!"

A: *Türkiye'ye gidiyoruz.* „Wir fahren in die Türkei."
B: *Güle güle gidin, güle güle gelin!* „Fahrt / fahren Sie mit Freude und kommen Sie mit Freuden zurück!"

ÜBUNGEN

47-48

1 Kreisen Sie das Wort ein, das Sie hören.

1. içimde içinde
2. sağımda sağında
3. karşınızda karşımızda
4. altımda altında
5. önünde önümde
6. önümüzde önünüzde

2 **Der Imperativ:** Hören Sie zu und sprechen Sie nach.

a. Gel. Gör.
Gel*sin*. Gör*sün*.
Gel*in* / gel*iniz*. Gör*ün* / gör*ünüz*.
Gel*sinler*. Gör*sünler*.

Bak. Unut.
Bak*sın*. Unut*sun*.
Bak*ın* / Bak*ınız*. Unut*un* / unut*unuz*.
Bak*sınlar*. Unut*sunlar*.

Gelme. Görme.
Gelme*sin*. Görme*sin*.
Gelme*yin* / . Görme*yin* /
Gelme*yiniz*. Görme*yiniz*.
Gelme*sinler*. Görme*sinler*.

Bakma. Unutma.
Bakma*sın*. Unutma*sın*.
Bakma*yın* / Unutma*yın* /
Bakma*yınız*. Unutma*yınız*.
Bakma*sınlar*. Unutma*sınlar*.

b. Güle güle öğren.
Güle güle öğren*sin*.
Güle güle öğren*in* / öğren*iniz*.
Güle güle öğren*sinler*.
Güle güle otur.
Güle güle otur*sun*.
Güle güle otur*un* / otur*unuz*.
Güle güle otur*sunlar*.

3 Was ist wo?

1. Kitap *televizyonun üstünde.*
2. Saat _____
3. Televizyon _____
4. Gazete _____
5. Kart _____
6. Mektup _____
7. Bilgisayar _____

ON DÖRDÜNCÜ DERS

ÜBUNGEN

4 Vervollständigen Sie die Dialoge.

1.
- ■ Affedersiniz, _____ taksi durağı var mı?
- ❑ 200 metre _____ doğru _____, sağda bir otel var. Taksi durağı _____ ön_____.
- ■ Teşekkür ederim.
- ❑ _____.

2.
- ■ _____ oturuyorsun?
- ❑ Kreuzberg'_____.
- ■ Kursa _____ geliyorsun?
- ❑ Otobüs_____. Ya sen?
- ■ Ben metro_____ geliyorum.

3.
- ■ Tatilde Türkiye'_____ gidiyorum.
- ❑ _____?
- ■ Tabii uçak_____.
- ❑ Kaç hafta _____ istiyorsun?
- ■ Üç hafta.

5 Vervollständigen Sie.

Pınar tatilde Türkiye'ye gidiyor, annesi şöyle diyor:

1. Pasaport*unu* _____ unutma!
2. Para_____ _____
3. Gözlük_____ _____
4. Kitaplar_____ _____

Babası şöyle diyor:
kart / mektup / telefon / teyze / amca / dede / yazmak / ziyaret etmek

5. Bize mektup *yaz!* !
6. ____ kart _____!
7. ____ telefon _____!
8. Teyze_____ _____!
9. Dede_____ *ziyaret et!* !
10. Amca_____ _____!

6 Bilden Sie Imperativformen mit *güle güle*. Verwenden Sie dabei die unten stehenden Wörter.

oturmak / öğrenmek / gitmek / gezmek / izlemek / gelmek

1. *Türkçe öğreniyorum.* Güle güle _____
2. *Türkiye'ye gidiyoruz.* _____
3. *Yeni bir ev aldık.* _____
4. *Yeni bir araba aldık.* _____
5. *Yeni bir televizyonumuz var.* _____

7 Welche Antwort passt zu welcher Frage?

1. Buralarda tuvalet var mı?
2. Yeni bir şort aldım.
3. Nerede oturuyorsunuz?
4. Türkiye'ye gidiyorum.
5. Süpermarket pansiyonun sağında mı?
6. Tramvaylar nereden kalkıyor?
7. Kitap nerede?

a. Bir kart yaz lütfen.
b. Otobüs garajının önünden.
c. Hayır, sol tarafında.
ç. Güle güle giy.
d. Görmüyor musun? Masanın üstünde.
e. Evet, postanenin arkasında.
f. Parkın karşısında.

ÜBUNGEN

8 Übersetzen Sie die folgenden Wörter und Sätze und tragen Sie sie ein.

1. Biegen Sie ... ab.
2. womit?
3. uns gegenüber
4. Post
5. Komm!
6. das Hintere
7. Norden
8. zu Fuß
9. weit
10. Schau!
11. die Seite
12. mit

9 Bilden Sie Sätze.

1. seyahat acentesi / postane / arka
2. tatil / gitmek / neyle
3. kaç / film / başlamak / saat
4. oturmak / biz / karşı / park
5. otobüs garajı / geçmek / sonra / sapmak / sağ
6. ben / konser / dün akşam / ile / Ali / gitmek
7. kalkmak / tren / saat / kaç

10 Wie sagen Sie es auf Türkisch?

1. Entschuldigen Sie, gibt es hier eine Apotheke?

2. Ich habe Sie nicht verstanden.

3. Ist das Museum weit von hier?

4. Vielen Dank für Ihre Hilfe!

5. Ich wohne im Süden der Stadt. Und Sie? Wo wohnen Sie?

6. Mein Arbeitsplatz ist im Stadtzentrum.

7. Womit fahren Sie zur Arbeit?

ON DÖRDÜNCÜ DERS

ÜBUNGEN

11 Hörverständnisübung

Hören Sie nun, wie vier Personen erzählen, wo sie wohnen. Lesen Sie folgende Lösungen und hören Sie sich den Dialog ein- oder zweimal an. Kreuzen Sie dann die richtige Variante an.

1. Baselli şehir merkezinde
   a. postanenin karşısında
   b. hastanenin arkasında
   c. otobüs garajının solunda bir otelde kalıyor.

2. Salzburglu
   a. kentin güneyinde bir otelde
   b. kentin kuzeyinde bir pansiyonda
   c. kentin batısında, bahçe içinde bir otelde kalıyor.

3. İngiliz
   a. müzenin sağ tarafında bir pansiyonda
   b. kente uzak bir otelde
   c. bir ailenin yanında kalıyor.

4. Osnabrücklüler
   a. postanenin önünde bir otelde
   b. plaja çok yakın bir pansiyonda
   c. arkadaşlarının yanında kalıyorlar.

BEN ÇAY İÇEYİM
ICH MÖCHTE EINEN TEE

ERLÄUTERUNGEN ZUM SPRACHGEBRAUCH UND ZUR LANDESKUNDE

zu 1

In der Türkei gehört zu allen Mahlzeiten Brot, zum Mittag- und Abendessen auch gewöhnliches Wasser. Zum Frühstück trinkt man Tee in kleinen besonderen Gläsern ohne Milch, in ländlichen Gebieten isst man manchmal auch Suppe. *Kahvaltı etmek / yapmak* „frühstücken" kann auch zu anderen Tageszeiten „kalte Kleinigkeiten essen" bedeuten.

zu 8

Hanımefendi und *beyfendi* sind sehr höfliche Anredeformen, etwa wie „meine Dame", „mein Herr".
Lütfen, orta şekerli bir kahve. „Bitte einen mittelsüßen Kaffee." Türkischer Mokka wird nicht zum Frühstück getrunken, sondern nach dem Essen oder im Verlauf des Tages. Es gibt davon folgende Varianten:

sade kahve	„schwarzer Kaffee (*wörtl.*: einfacher Kaffee)"
az şekerli kahve	„Kaffee mit wenig Zucker"
orta şekerli kahve	„mittelsüßer Kaffee"
şekerli kahve	„süßer Kaffee"

zu 11

Der Gast bedankt sich beim Gastgeber für Speise und Trank mit *Elinize / Eline sağlık!*, was wörtlich „Gesundheit Ihrer / deiner Hand!" bedeutet. Mit dieser Formel kann man sich übrigens für alles bedanken, was mit der Hand gefertigt wird.

ERLÄUTERUNGEN ZUR GRAMMATIK

zu 1
„Wasser"
su

Das Wort *su* „Wasser" hat eine Besonderheit. Sollen Possessivsuffixe angefügt werden, lautet der Stamm – mit Ausname der 3. Pers. Pl. – nicht *su*, sondern *suy-*:

su**y**-um   su**y**-umuz
su**y**-un   su**y**-unuz
su**y**-u   su-ları

maden suyu „Mineralwasser"

Bei den Kasus sieht das folgendermaßen aus:

Nominativ	su
Genitiv	suyun
Akkusativ	suyu
Dativ	suya
Lokativ	suda
Ablativ	sudan

ab 2
Die Aufforderungs- und Wunschform
Buyuru ve istek kipi

Auf die Frage des Kellners *Ne içiyorsunuz?* „Was trinken Sie?" antwortet man in der Regel *Çay içeyim* „Ich trinke / nehme Tee" oder *Çay içmek istiyorum* „Ich will Tee trinken". Beide Varianten kann man idiomatisch mit „Ich möchte Tee trinken" übersetzen. Allerdings auf eine Frage *Tatilde ne yapıyorsunuz?* „Was machen Sie im Urlaub?" antwortet man *Türkiye'ye gitmek istiyorum* „Ich will in die Türkei fahren" und nicht *Türkiye'ye gideyim*, da es sich hier um eine Absicht und keinen Wunsch handelt.

Die Frageform wie z. B. *Çay yapayım mı?* „Soll ich Tee machen?" drückt zusätzlich einen Vorschlag aus.

Die 1. Person Plural drückt aus, dass der Sprecher dem Hörer oder den Hörern vorschlägt, etwas gemeinsam zu tun.

Auf die Frage *Bu akşam ne yiyoruz?* „Was essen wir heute Abend?" antwortet man z. B. *Döner yiyelim* „Essen wir Döner!".

ERLÄUTERUNGEN ZUR GRAMMATIK

Çay iç**eyim**.	*Ich trinke (mal) Tee.*	Çay iç**elim**.	*Trinken wir Tee! / Lasst uns Tee trinken!*
Çorba pişir**eyim** mi?	*Soll ich Suppe kochen?*	Çay iç**elim** mi?	*Trinken wir Tee? / Wollen wir Tee trinken?*
Çay al**ayım**.	*Ich kaufe (mal) Tee.*	Çay al**alım**.	*Kaufen wir Tee! / Lasst uns Tee kaufen!*
Çay al**ayım** mı?	*Soll ich Tee kaufen?*	Çay al**alım** mı?	*Kaufen wir Tee? / Wollen wir Tee kaufen?*

Bei diesen Suffixen wird die letzte Silbe betont.

Döner yiyelim mi? „Wollen wir Döner essen? / Essen wir Döner?"
Yiyelim. „Essen wir. / Ja."
Beyaz peynirden biraz alayım. „Ich nehme (mal) etwas von dem Schafskäse."

ON BEŞİNCİ DERS

ÜBUNGEN

50-51

1 Kreisen Sie das Wort ein, das Sie hören.

1. Ali âli
2. âdet adet
3. Balâ bala
4. hala hâlâ
5. hak hâk
6. kârlı karlı
7. yad yâd

2 Die zweiförmigen Suffixe -(y)eyim und -(y)elim: Hören Sie zu und sprechen Sie nach.

a. İçeyim.   İçelim.
   Alayım.   Alalım.
   Bekleyeyim. Bekleyelim.
   Okuyayım. Okuyalım.

b. Ne içelim?
   Ben çay içeyim.
   Ben bira alayım.

c. Çay vereyim mi?
   Peynir alayım mı?

   Sinemaya gidelim mi?
   Bu akşam buluşalım mı?

ç. Bu akşam ne yapalım?
   Televizyon izleyelim.
   Sinemaya gidelim.

   Bu akşam ne yapalım?
   Televizyon izleyelim mi?
   Sinemaya gidelim mi?

3 Wie könnte der richtige Begriff lauten?

1. su listesi _yemek listesi_
2. gece yemeği _____
3. çorba pilavı _____
4. ekmek suyu _____
5. şarap lokantası _____
6. aile kahve bahçesi _____
7. bal sucuğu _____

4 Welche Antwort ist richtig?

1. Bu akşam ne yapıyorsun?
   a. Sinemaya gitmek istiyorum.
   b. Sinemaya gideyim.

2. Nereye oturalım?
   a. Otobüsün arkasına oturalım.
   b. Otobüsün arkasına oturduk.

3. Yarın akşam nereye gidiyoruz?
   a. Çay bahçesine gideyim.
   b. Çay bahçesine gidelim.

4. Hafta sonu ne yapıyoruz?
   a. Türk lokantasında buluşalım.
   b. Türk lokantasında buluştuk.

5. Antalya'ya ne zaman gidiyorsun?
   a. Sonbaharda gideyim.
   b. Sonbaharda gitmek istiyorum.

ÜBUNGEN

5 Vervollständigen Sie die Dialoge.

1.
- Bu akşam ne _____?
- Hiç, evde_____.
- Çay bahçesine gide_____ mi?
- _____. Saat _____?
- Yedi buçuk_____.
- Olur.

2.
- Ben kahve _____ istiyorum.
- Ben de kahve _____.
- Ya siz?
- _____ bir maden _____ lütfen.
- Tabii beyefendi.

3.
- Buyurun, _____ listesi.
- _____ ederiz.
- Bir dakika, _____ lütfen bir bira.
- Ben orta şekerli kahve _____.
- Ya siz?
- Ben maden suyu rica _____.

4.
- Yemekler _____, elinize _____.
- Afiyet _____. Pilav____ biraz daha vereyim _____?
- Evet, ama lütfen çok az.

6 Wer sagt das? Der Gast oder der Gastgeber?

K = Konuk (*Gast*), E = Ev sahibi (*Gastgeber*)

1. Yemekler enfes, elinize sağlık.
2. Sarmadan biraz daha vereyim mi?
3. Salatayı çok beğendim.
4. Afiyet olsun, iltifat ediyorsunuz.
5. Gelecek hafta bizde buluşalım.

7 Welche Antwort passt zu welcher Frage?

1. Yemekleri beğendiniz mi?
2. Yaprak sarma var mı?
3. Tatlılardan ne var?
4. Öğle yemeğinde ne var?
5. Sizi arabamla alayım mı?
6. Başka kim maden suyu istiyor?
7. İşten sonra buluşalım mı?

a. Çorba, karnıyarık, pilav.
b. Lütfen, rica edeyim.
c. Nefis, elinize sağlık.
ç. Sağ ol, otobüs durağı yakın.
d. Evet, hanımefendi. Vereyim mi?
e. Saat kaçta?
f. Ben.
g. Baklava.

ÜBUNGEN 15

8 Füllen Sie aus.

Bu akşam buluşalım mı?

①

Ben maden suyu alayım.

②

Karnıyarık var mı?

③

Yemekler nefis, elinize sağlık.

④

Şerefine!

⑤

Yemekleri beğendiniz mi?

⑥

Sağlığına! ● Afiyet olsun. ● Hiç boş zamanım yok. ● Nefis! ● Ben bira içmek istiyorum, ya sen? ● Yok. Yaprak sarma vereyim mi?

9 Übersetzen Sie die folgenden Wörter und Sätze und tragen Sie sie ein.

1. Rechnung
2. hungrig
3. Bier
4. Suppe
5. Ich gehe (mal).
6. Lasst uns trinken!
7. den Tee
8. Trinke!
9. Vorschlag
10. Nimm!
11. Lasst uns essen!

10 Bilden Sie Sätze.

1. aile çay bahçesi / buluşmak / yarın?
2. salata / rica etmek / ben
3. yemek listesi / masa / üst
4. lokanta / biz / salı akşamı / gitmek?
5. yemekler / el / nefis / sağlık
6. lokanta / yakın / metro durağı?
7. şarap / biz / içmek?

ÜBUNGEN

11 **Hörverständnisübung**

Hören Sie nun, wie vier Freunde sich in einem Teegarten treffen und etwas zu Trinken bestellen. Lesen Sie folgende Lösungen und hören Sie sich den Dialog ein- oder zweimal an. Kreuzen Sie dann die richtige Variante an.

1. Hüseyin Bey
   a. maden suyu
   b. pepsi
   c. bira içiyor.

2. Pervin Hanım
   a. hiçbir şey içmiyor.
   b. çay
   c. sade kahve içiyor.

3. Sebastian Bey
   a. Türk kahvesi
   b. bira
   c. maden suyu içiyor.

4. Şerife Hanım
   a. çay
   b. şekerli kahve
   c. sade kahve içiyor.

LÜTFEN BİR DÖNER
BITTE EINEN DÖNER

ERLÄUTERUNGEN ZUM SPRACHGEBRAUCH UND ZUR LANDESKUNDE

zu 14

Nasrettin Hoca ist ein Volksweiser, der im 13. Jahrhundert in Anatolien gelebt haben soll und mit dessen Namen nicht nur in der Türkei, sondern vom Balkan bis nach Zentralasien sehr viele Schnurren und Schwänke verknüpft sind. Wer eine Weisheit von sich geben möchte, greift gern auf eine Geschichte von ihm zurück.

ERLÄUTERUNGEN ZUR GRAMMATIK

ab 3
Das -r-Präsens
Geniş zaman

Türkisch kennt noch ein weiteres Präsens (vgl. Lektion 5). Dieses sagt nichts darüber aus, ob ein Geschehen im Gange ist oder nicht. Es bezieht sich nur auf den Inhalt des Verbs. Den Anwendungsbereich und Beispiele finden Sie auf S. 109 im Anschluss an die Tabelle.

Das *-r*-Präsens wird in den bejahten Formen mit *r* und in den verneinten Formen – ausgenommen die 1. Person Singular und Plural – mit *z* gebildet. In den fragend-verneinten Formen ist das *z* in allen Personen vorhanden.

Bei der Bildung wird an einen vokalisch auslautenden Verbstamm das *r* direkt angehängt. Bei konsonantisch auslautenden Verbstämmen ist zu unterscheiden zwischen einsilbigen und mehrsilbigen Stämmen. Einsilbige Verbstämme nehmen *-er, -ar* an, mehrsilbige *-ir, -ür, -ır, -ur*.

Bei der verneinten 1. Person Singular wird die letzte Silbe betont, bei der verneinten 1. Person Plural die Silbe vor *-yiz, -yız*.

ERLÄUTERUNGEN ZUR GRAMMATIK

	bejaht	*fragend*	*verneint*	*fragend-verneint*
ben	bekler**im**	bekler miyim?	bekle**mem**	beklemez miyim?
sen	bekler**sin**	bekler misin?	beklemezsin	beklemez misin?
o	bekle**r**	bekler mi?	beklemez	beklemez mi?
biz	bekler**iz**	bekler miyiz?	bekle**meyiz**	beklemez miyiz?
siz	bekler**siniz**	bekler misiniz?	beklemezsiniz	beklemez misiniz?
onlar	bekler(ler)	bekler(ler) mi?	beklemez(ler)	beklemez(ler) mi?

	bejaht	*fragend*	*verneint*	*fragend-verneint*
ben	gülerim	güler miyim?	gül**mem**	gülmez miyim?
sen	gülersin	güler misin?	gülmezsin	gülmez misin?
o	güler	güler mi?	gülmez	gülmez mi?
biz	güleriz	güler miyiz?	gül**meyiz**	gülmez miyiz?
siz	gülersiniz	güler misiniz?	gülmezsiniz	gülmez misiniz?
onlar	güler(ler)	güler(ler) mi?	gülmez(ler)	gülmez(ler) mi?

	bejaht	*fragend*	*verneint*	*fragend-verneint*
ben	unut**ur**um	unutur muyum?	unut**mam**	unutmaz mıyım?
sen	unut**ur**sun	unutur musun?	unutmazsın	unutmaz mısın?
o	unut**ur**	unutur mu?	unutmaz	unutmaz mı?
biz	unut**ur**uz	unutur muyuz?	unut**mayız**	unutmaz mıyız?
siz	unut**ur**sunuz	unutur musunuz?	unutmazsınız	unutmaz mısınız?
onlar	unut**ur**(lar)	unutur(lar) mı?	unutmaz(lar)	unutmaz(lar) mı?

Es gibt jedoch bei den einsilbigen Verbstämmen eine Reihe von Ausnahmen, z. B.

al-	alır	gel-	gelir	ol-	olur
bil-	bilir	gör-	görür	var-	varır
dur-	durur	kal-	kalır	ver-	verir

Ab dieser Lektion wird bei jedem neuen einsilbigen Verb, das nicht der Regel entspricht, in der Wortliste folgendermaßen darauf hingewiesen: *görmek, -ür*.

Der Verwendungsbereich des *-r*-Präsens ist vielfältig. Es wird vor allem verwendet:

1. Bei Fragen an die 2. Person Singular und Plural, wenn sie nur den Inhalt des Verbs betreffen:

Ne içersin? „Was trinkst du?"
Ne içersiniz? „Was trinken Sie?"

Wenn solche Fragen ohne Fragewort gestellt werden, schwingt ein Angebot mit.

Çay içer misin? „Trinkst du Tee?" – *İçerim.* „Ja, (ich trinke)."
Döner ister misiniz? „Möchten Sie Döner?"

ERLÄUTERUNGEN ZUR GRAMMATIK

2. Zum Ausdruck zukünftiger Sachverhalte, die aus der Perspektive des Sprechers eine Wahrscheinlichkeit darstellen:

– *Daha hesap da gelmedi.* „Die Rechnung ist auch noch nicht da."
– *Acele etmeyin, gelir.* „Keine Eile, sie kommt schon."

Außerdem wird diese Form gebraucht:

3. Zum Ausdruck von Verallgemeinerungen und Gewohnheiten:

Çayı şekersiz içerim. „Tee trinke ich ohne Zucker."
Dedem yemekten sonra kahve içer. „Mein Großvater trinkt nach dem Essen Kaffee. / Mein Großvater pflegt nach dem Essen Kaffee zu trinken."

4. Zum Ausdruck einer Fähigkeit oder Vorliebe:

Kızım iyi yemek pişirir. „Meine Tochter kocht gut. / Meine Tochter kann gut kochen."
Kırmızı şarap da içerim, ama beyaz şarabı tercih ederim. „Ich trinke auch Rotwein, aber Weißwein ziehe ich vor."

5. Anekdoten können auch in dieser Form erzählt werden (siehe „Ye Kürküm Ye" im Lehrbuch).

zu 9
Das Suffix *-ki*
-ki eki

Wird das Suffix *-ki* an die Possessivpronomen angefügt, werden diese substantiviert. Beachten Sie, dass *-ki* auch nach *onun* und *onların* immer *-ki* lautet.

benimki	*meiner*	bizimki	*unserer*
seninki	*deiner*	sizinki	*eurer / Ihrer*
onunki	*seiner / ihrer*	onlarınki	*ihrer*

Garson:	Kahve içer misiniz?	Kellner:	Trinken Sie Kaffee?
Tarık:	Ben sade kahve içerim.	Tarık:	Ich trinke (mal) schwarzen Kaffee.
Thomas:	Benimki orta şekerli olsun.	Thomas:	Meiner soll mittelsüß sein.

ERLÄUTERUNGEN ZUR GRAMMATIK

zu 11
gefallen
... *hoşuna gitmek*

Döner (benim) hoşuma gidiyor	„Döner schmeckt (wörtl.: gefällt) mir."
Döner (senin) hoşuna gidiyor.	
Döner (onun) hoşuna gidiyor.	
Döner (bizim) hoşumuza gidiyor.	
Döner (sizin) hoşunuza gidiyor.	
Döner (onların) hoşuna gidiyor.	
Döner hoşlarına gidiyor.	

Izgara köfte hoşunuza gitti mi? „Haben Ihnen die gegrillten Hackfleischbällchen geschmeckt?"
Hiç hoşuma gitmedi. „Sie haben mir überhaupt nicht geschmeckt."

Das Wort *fikir* „Idee" hat eine lautliche Besonderheit. Der letzte Vokal fällt aus, wenn ein Suffix angefügt wird, das mit Vokal beginnt:

Hiçbir fikrim yok. „Ich habe überhaupt keine Idee."

Diese Erscheinung kommt bei einer Reihe von Fremdwörtern, aber auch bei einigen türkischen Wörtern vor. Ab dieser Lektion werden Sie in der Wortliste folgendermaßen darauf aufmerksam gemacht: *fikir, -kri*.
Auch das Wort *şehir* „Stadt", das Sie schon kennen, gehört zu solchen Wörtern: *şehir, -hri*.

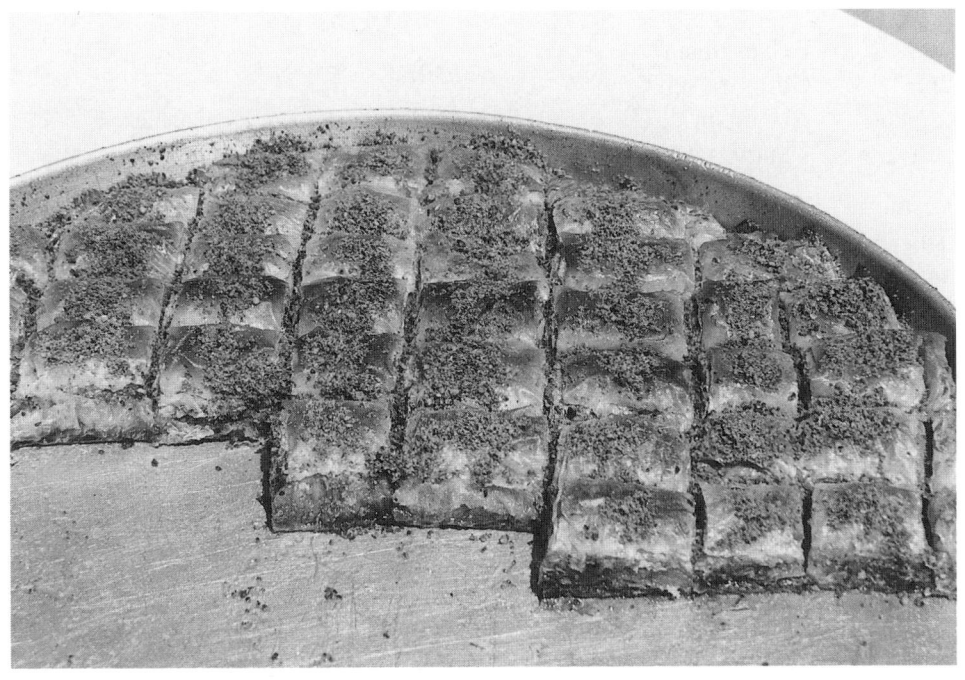

ÜBUNGEN

53-55

1 Kreisen Sie das Wort ein, das Sie hören.

1. kazar — kasar
2. kısar — kızar
3. kazmaz — kasmaz
4. asar — azar
5. ezer — eser
6. izler — isler

2 Das Suffix zur Bildung des -r-Präsens: Hören Sie zu und sprechen Sie nach.

Beklerim.   Bekler miyim?
Görürüm.   Görür müyüm?
Alırım.   Alır mıyım?
Unuturum.   Unutur muyum?

Beklemem.   Beklemez miyim?
Görmem.   Görmez miyim?
Almam.   Almaz mıyım?
Unutmam.   Unutmaz mıyım?

Beklersin.   Bekler misin?
Görürsün.   Görür müsün?
Alırsın.   Alır mısın?
Unutursun.   Unutur musun?

Beklemezsin.   Beklemez misin?
Görmezsin.   Görmez misin?
Almazsın.   Almaz mısın?
Unutmazsın.   Unutmaz mısın?

Beklersiniz.   Bekler misiniz?
Görürsünüz.   Görür müsünüz?
Alırsınız.   Alır mısınız?
Unutursunuz.   Unutur musunuz?

Beklemezsiniz.   Beklemez misiniz?
Görmezsiniz.   Görmez misiniz?
Almazsınız.   Almaz mısınız?
Unutmazsınız.   Unutmaz mısınız?

3 Das Suffix -ki: Hören Sie zu und sprechen Sie nach.

benimki   bizimki
seninki   sizinki
onunki   onlarınki

4 Vervollständigen Sie.

	pişirmek	beğenmek	bakmak
Ben		beğenirim	
Sen			
O	pişirir		
Biz			bakarız
Siz			
Onlar			

	sevmek	pişirmemek	sevmemek
Ben			
Sen	seversin		
O		pişirmez	
Biz			
Siz			sevmezsiniz
Onlar			

5 Setzen Sie die Sätze in das -r-Präsens.

1. Bana bir çay veriyor musun?
2. Ne içiyorsun?
3. Yemekten sonra buluşuyoruz.
4. Akşama sana telefon ediyorum.
5. Acaba neden mektup yazmadı?
6. Biz Ayşe'yle konuşmadık.
7. Bu saatte nereye gitti?

ÜBUNGEN

6 Wer sagt das?
G = Gast, K = Kellner,

1. Bir döner rica edeyim.
2. Buyurun, hesabınız.
3. Bakar mısınız?
4. Yemek seçtiniz mi?
5. Ne yiyelim?
6. Zeytinyağlılardan ne var?
7. Yemek listesini verir misiniz?

7 Welche Antwort passt?

1. Ne içersin?
2. Birahanede buluşalım mı?
3. Bir imambayıldı verir misiniz?
4. Baklava var mı?
5. Acaba bizimle yemeğe gelir mi?
6. Sebzeli yemekleri sever misin?
7. Izgara köfteyi nasıl buldunuz?

a. Bilmem. Telefon edelim, soralım.
b. Çay rica edeyim.
c. Bayılırım.
ç. Çok yağlı.
d. Yok. Sütlaç vereyim mi?
e. Tabii efendim.
f. Olur. Saat kaçta?

8 Verbinden Sie.

1. tercih   a. içmek
2. yemek   b. olmamak
3. içki   c. yapmak
4. hoşuna   ç. pişirmek
5. kahve   d. gitmek
6. fikri   e. yemek
7. alışveriş   f. etmek

9 Welches Wort passt nicht?

1. imambayıldı, yaprak sarma, rakı
2. içmek, öneri, maden suyu, çay, süt
3. lokanta, çay bahçesi, ciddi, yemek
4. müşteri, garson, sofra takımı, alışveriş
5. elinize sağlık, afiyet olsun, esmer, nefis
6. lezzetli, enfes, candan, sağlıklı, yağlı
7. bıçak, marul, domates, salatalık, patlıcan

10 Vervollständigen Sie die Dialoge.

1.
■ Cumartesi akşamı ne _____?
❏ Hiç, evde_____.
■ Bir Türk lokanta_____ gide___ ___?
❏ İyi _____, gidelim.
■ Arabamla seni al_____.
❏ Çok iyi olur. _____ kaçta?
■ Sekize _____.
❏ Tamam, hoşça _____.

2.
■ Bana bir kahve _____?
❏ Süt_____ mü, şeker____ mi?
■ Lütfen sade ol_____.
❏ Tabii efendim.

3.
■ Saat sekiz. Ali daha gelmedi.
❏ Ali ____ zaman böyle yapar.
  Bir şey _____ _____?
■ Maden _____ içerim.
❏ Ben sıcak bir şey al_____.

ÜBUNGEN

11 Füllen Sie aus

Karnıyarık verir misiniz?

Bilmem. Belki gelir.

Sütlaç ister misin?

Hayır, beraber.

● Leyla da geliyor mu? ● Hayır, tatlı sevmem. ● Hesap ayrı ayrı mı? ● Maalesef kalmadı. İmambayıldı alır mısınız?

12 Übersetzen Sie die folgenden Wörter und Sätze und tragen Sie sie ein.

1. Es schmeckt gut.
2. Grill
3. lieben
4. der Hodscha fiel in Ohnmacht
5. Koche!
6. Nimm nicht!
7. Bier
8. Wunsch
9. fettig
10. gesund
11. Honig

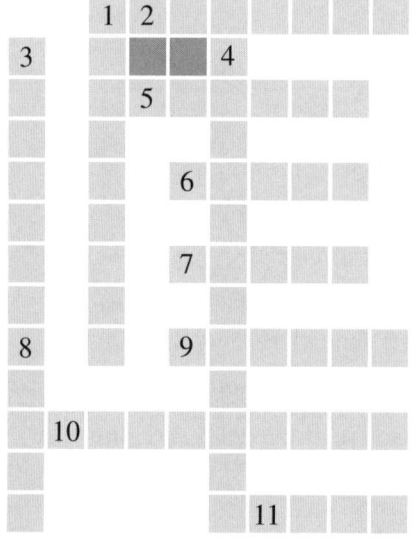

13 Bilden Sie Sätze im -r-Präsens.

1. yemek / vermek / liste?
2. sen / bu akşam / telefon etmek / bana?
3. ne zaman / siz / gelmek
4. siz / hangi / tercih etmek / lokanta?
5. Murat Bey / gelmek / üç / saat

ÜBUNGEN

14 Erzählen Sie die Anekdote „Ye Kürküm Ye" im Lehrbuch im -*yor*-Präsens.

Bir gün Nasrettin Hoca'yı düğüne davet ediyorlar. Hoca

15 Hörverständnisübung

Hören Sie nun, wie zwei Freunde in einem Restaurant etwas bestellen. Lesen Sie folgende Lösungen und hören Sie sich den Dialog ein- oder zweimal an. Kreuzen Sie dann die richtige Variante an.

1. Zeki Bey
   - a. çoban salatası
   - b. karnıyarık, bulgur pilavı
   - c. imambayıldı yiyor.

2. Yüksel Hanım
   - a. domates çorbası, balık
   - b. çoban salatası, döner
   - c. mercimek çorbası, şiş kebap yiyor.

PEYNİR ALMAYI UNUTMA!
VERGISS NICHT, KÄSE ZU KAUFEN!

ERLÄUTERUNGEN ZUM SPRACHGEBRAUCH UND ZUR LANDESKUNDE

ab 1

Im türkischen Alltag spielt der Wochenmarkt eine große Rolle. Das Warenangebot ist sehr weit gefächert; es werden nicht nur Lebensmittel, sondern auch Bekleidung, Haushaltsgegenstände, Reinigungsmittel und vieles mehr verkauft.

In der Türkei sind in großen Einkaufszentren die Waren im Regelfall mit dem Preis ausgezeichnet, was für kleine Läden und den Markt jedoch nicht durchgängig gilt. In diesem Fall könnte Handeln möglich sein.

ERLÄUTERUNGEN ZUR GRAMMATIK

ab 2
nötig, notwendig
lazım

Sana ne lazım? „Was brauchst du?" – *Bana peynir lazım.* „Ich brauche Käse."

Die wörtliche Übersetzung dieser Beispielsätze lautet: „Was ist dir nötig? – Mir ist Käse nötig." Die Person muss im Dativ stehen.

Gül'e para lazım. „Gül braucht Geld."

ab 3
Der Kurzinfinitiv
„-me / -ma" yapılı adeylem

Während der Vollinfinitiv auf *-mek / -mak* ausgeht, geht der Kurzinfinitiv auf *-me / -ma* aus: *gelme / okuma*. Er wird wie ein Substantiv behandelt. Er kann Kasus-, Possessiv- und Pluralsuffixe annehmen. Wie aus den Beispielen ersichtlich ist, kann er sowohl verbal als auch substantivisch verwendet werden. Darüber hinaus kann er auch attributiv stehen.

ERLÄUTERUNGEN ZUR GRAMMATIK 17

1. *Burada yeme içme pahalı değil.* „Hier ist Essen und Trinken nicht teuer."
   Yemek yemenin zamanı değil. „Es ist nicht die Zeit zum Essen."
   Peynir almayı unutma. „Vergiss nicht, Käse zu kaufen!"
   Yemek pişirmeyi sevmiyorum. „Ich koche nicht gern."
   Yemek yemeye gidiyoruz. „Wir gehen essen."
2. *Uwe yemek pişirmesini öğreniyor.* „Uwe lernt kochen."
3. *yemek yeme zamanı* „Essenszeit", *danışma merkezi* „Informationszentrum"
4. *Konuşmalar çok ilginçti.* „Die Reden waren sehr interessant."
   konuşmadan sonra „nach der Rede"

Achten Sie bitte auf die Verschiebung der Betonung:

Danışmá „Informationsbüro", *Danı́şma!* „Informiere dich nicht!"

Den Beispielen liegt der Verbstamm *danış-* „sich informieren" zugrunde. Auch wenn der Kurzinfinitiv wie der verneinte Imperativ 2. Person Singular aussieht, dürfen beide nicht verwechselt werden. Der verneinte Imperativ trägt die Betonung auf der Silbe vor dem Verneinungssuffix. Das gilt für alle Verben.

zu 9 – 17
Wiedergabe von „müssen" im Türkischen

Wird *lazım* „nötig" in Verbindung mit einem Verb gebraucht, muss dieses in Form des Kurzinfinitivs stehen, wenn diese Verbindung ein genanntes oder bekanntes Subjekt enthält. Das Possessivsuffix am Kurzinfinitiv lässt das erkennen. Das entspricht dem deutschen „müssen". Anstelle von *lazım* wird u. a. auch *gerek* gebraucht.

Benim	pazara gitme**m** lazım.	*Ich muss auf den Markt gehen.*
Senin	pazara gitme**n** lazım.	*Du musst auf den Markt gehen.*
Onun / Timur'un	pazara gitme**si** lazım.	*Er / Timur muss ...*
Bizim	pazara gitme**miz** lazım.	*Wir müssen ...*
Sizin	pazara gitme**niz** lazım.	*Ihr müsst / Sie müssen ...*
Onların / Güller'in	pazara gitme**si** / gitme**leri** lazım.	*Sie müssen / Familie Gül muss ...*

Peynir almam lazım. „Ich muss Käse kaufen."
Handan'ın pazara gitmesi lazım. „Handan muss auf den Markt gehen."
Eve gitmem lazım. „Ich muss nach Hause gehen."
Ne almamız lazım? „Was müssen wir kaufen?"
Çoşkun'un hesabı getirmesi lazım. „Çoşkun muss die Rechnung bringen."

ERLÄUTERUNGEN ZUR GRAMMATIK

ab 18
Der Komparativ
Üstünlük derecesi

Adjektive werden durch das Wort *daha* „noch" gesteigert. Bei einem Vergleich steht das zweite Bezugswort im Ablativ.

büyük „groß", *daha büyük* „größer"
iyi „gut", *daha iyi* „besser"

Berlin büyük. İstanbul daha büyük. „Berlin ist groß. Istanbul ist größer."
Bu sabun iyi, öteki sabun daha iyi. „Diese Seife ist gut, die andere Seife ist besser."

İstanbul Berlin'den daha büyük. „Istanbul ist noch größer als Berlin."
İstanbul Berlin'den büyük. „Istanbul ist größer als Berlin."

Der Superlativ
En üstünlük derecesi

Der Superlativ wird mit dem Wort *en* gebildet.

en büyük „am größten, der größte"
en iyi „am besten, der beste"

Ailemizin en küçüğü Ali. „Der jüngste unserer Familie ist Ali."
En küçük kardeşimiz Ali. „Unser jüngster Bruder ist Ali."

zu 20
Das Possessivsuffix am Adjektiv stellt den Bezug zu schon Erwähntem her:
Daha ucuzu yok mu? „Gibt es keinen Billigeren? / Gibt es kein Billigeres? / Gibt es keine Billigeren?" *Daha ucuzu var.* „Es gibt noch Billigere."
Daha kısası yok mu? „Gibt es keinen Kürzeren? / Gibt es kein Kürzeres? / Gibt es keine Kürzeren?"

ÜBUNGEN

1 Das zweiförmige Suffix -*me*:
Hören Sie zu und sprechen Sie nach.

a. Als Verneinungssuffix (unbetont)

Gél*me*.   Yáp*ma*.
Yé*me*.   Ál*ma*.
Gít*me*.   Okú*ma*.
İç*me*.   Danış*ma*.
Görüş*me*.   Otúr*ma*.
Gül*me*.   Yáz*ma*.

b. Als Suffix zur Bildung des Kurzinfinitivs. Achten Sie bitte auf die Verschiebung der Betonung.

gel*mé*   yap*má*
ye*mé*   al*má*
git*mé*   oku*má*
iç*mé*   danış*má*
görüş*mé*   otur*má*
gül*mé*   yaz*má*

2 Was passt nicht?

1. mercimek, ıspanak, ayakkabı, havuç
2. çatal, kaşık, bıçak, maydanoz
3. üzüm, sabun, armut, kavun
4. pazar, çay bahçesi, çarşı, dükkân
5. köfte, biftek, çorba, alışveriş
6. beyaz şarap, bira, süt, rakı

3 Welcher Satz ist richtig?

1.
a. Yumurta almaya unutma.
b. Yumurta almayı unutma.
c. Yumurta almak unutma.

2.
a. Bana telefon etmeni rica ederim.
b. Beni telefon etmeni rica ederim.
c. Bana telefon etmene rica ederim.

3.
a. Gül'ün pazara gitmeye lazım.
b. Gül'ün pazara gitmeyi lazım.
c. Gül'ün pazara gitmesi lazım.

4.
a. Peynirin kilosunu sormamız lazım.
b. Peynirin kilosu sormamız lazım.
c. Peynirin kilosunu sormayı lazım.

5.
a. Senin biraz çabuk olmam istiyor.
b. Senin biraz çabuk olmayı istiyor.
c. Senin biraz çabuk olmanı istiyor.

6.
a. Çay içmeye seviyor musun?
b. Çay içmeden seviyor musun?
c. Çay içmeyi seviyor musun?

4 Ergänzen Sie die Dialoge.

1.
■ _____?
❏ Pazara gidiyorum.
■ Bana tükenmezkalem _____ lütfen unutma.
❏ Olur, _____.

2. S – satıcı A – alıcı
S: Buyurun, _____ meyvelere buyurun.
A: Elma_____ kilo_____ kaça?
S: 150 bin lira, efendim. _____ kilo olsun?
A: Üç kilo _____ misiniz?
S: _____ efendim.

ÜBUNGEN 17

3.
S: Buyurun, Bey amca. Hoş geldiniz.
A: _____ _____. Bir tükenmez-
kalem _____.
S: Sizin _____ mi?
A: Hayır, bir arkadaşım _____.
S: Bu _____? 750 bin lira.
A: Fena değil, ama çok pahalı. _____
_____ yok mu?
S: Tabii var, efendim. Bu 525 bin lira.
A: Güzel, hem de daha _____. Bunu
_____.
S: Olur, güle güle _____.
A: Sağ olun. Hoşça kalın.
S: Güle güle, yine _____.
A: İnşallah _____ gelirim.

5 Vergleichen Sie und verwenden
Sie dabei folgende Wörter.

daha / en
büyük / küçük / pahalı / ucuz / eski / yeni /
kalın / ince

1. *Cüzdan ucuz.*
2. _____
3. _____
4. _____
5. _____
6. _____
7. _____

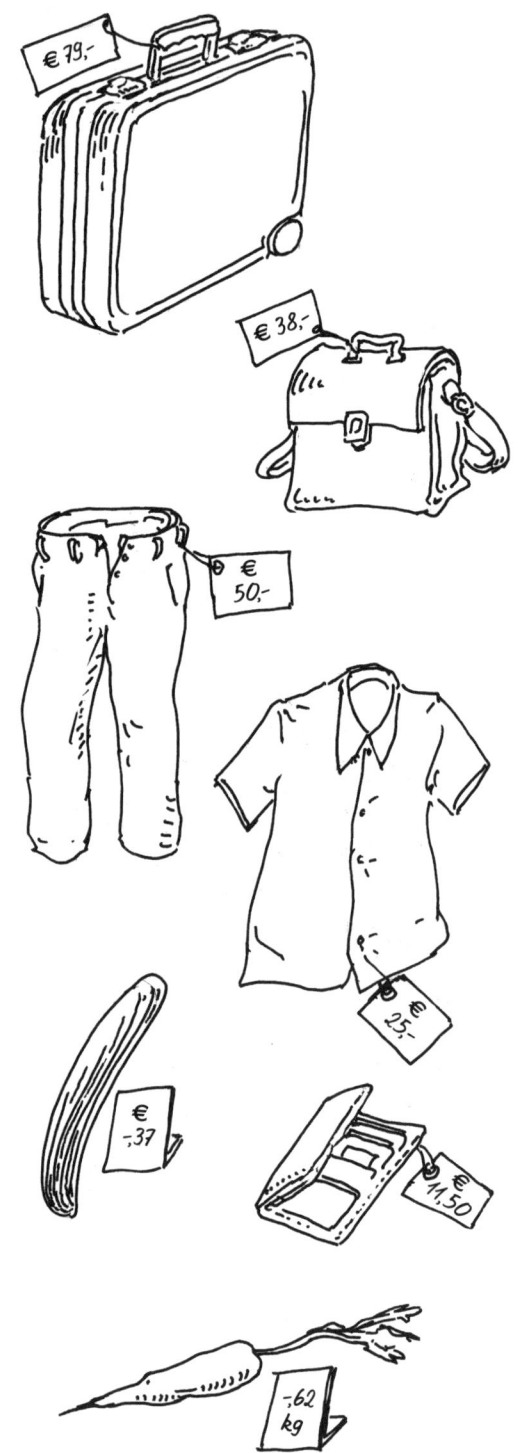

ÜBUNGEN

6 **Sie wollen Ihre Freunde zum Frühstück einladen.** Was werden Sie einkaufen?

> Adım Alpay, 46 yaşındayım, mühendisim.
> Kahvaltıda yalnız biraz ekmek, peynir ve zeytin yiyorum, bir bardak meyve suyu içiyorum.

> Ben Cornelia, 24 yaşındayım. Kahvaltı yapmaya bayılıyorum. Sabahları ve akşamları kahvaltı ediyorum. Biraz ekmek, sucuk, beyaz peynir yiyorum, kahve içiyorum.

> Ben Ulf, 57 yaşındayım. Satıcıyım. Ben de kahvaltı yapmayı seviyorum. Masada her şeyin olmasını istiyorum: Ekmek, zeytin, peynir, sucuk, yumurta, süt ...

> Adım Yıldız, 32 yaşındayım, öğretmenim. Tereyağlı ekmek, tulum peyniri, biraz reçel yiyorum, meyve suyu ve çay içiyorum.

Meyve suyu alırım.
Çünkü Alpay meyve suyu içiyor.
Peynir de alırım. Çünkü Alpay peynir yiyor.

ON YEDİNCİ DERS

ÜBUNGEN

7 Übersetzen Sie die folgenden Wörter und Sätze und tragen Sie sie ein.

1. Wie viel kostet es?
2. nötig
3. Gefallen finden, gerne mögen
4. vom Einkaufen
5. das Nehmen
6. teuer
7. Markt
8. zur Arbeit
9. Vergiss!
10. billig
11. das Vergessen

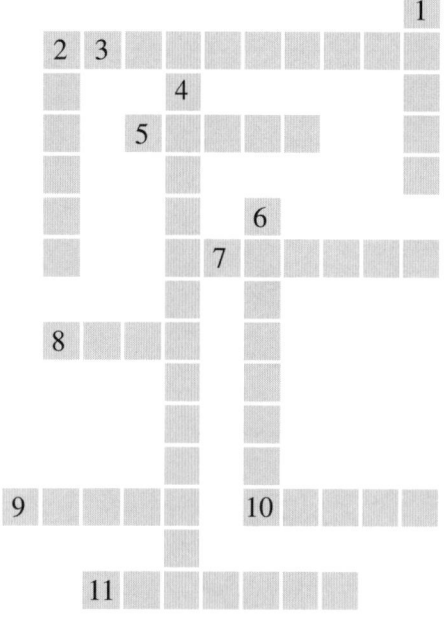

8 Bilden Sie Sätze.

1. garson / hesap / vermek?
2. rakı / sevmemek / içmek
3. tiyatro / gitmek / bu akşam / biz?
4. unutmamak / gazete / almak / lütfen!
5. siz / yardım etmek / bana
6. lazım / iki saat / ben / çalışmak
7. yarın akşam / uygun / sen?

9 Hörverständnisübung

Hören Sie nun, wie folgende Personen bei einer Begegnung erzählen, was sie machen müssen. Lesen Sie folgende Lösungen und hören Sie sich den Dialog ein- oder zweimal an. Kreuzen Sie dann die richtige Variante an.

1. Ahmet'in
   a. kız kardeşine telefon etmesi
   b. ablasına yardım etmesi
   c. ablasını ziyaret etmesi lazım.

2. Elif'in
   a. dedesini karşılaması
   b. hazırlık yapması
   c. yüzmeye gitmesi lazım.

3. Oya'nın
   a. jimnastik yapması
   b. ders çalışması
   c. kursa katılması lazım.

DOĞUM GÜNÜN KUTLU OLSUN!
ALLES GUTE ZU DEINEM GEBURTSTAG!

ERLÄUTERUNGEN ZUM SPRACHGEBRAUCH UND ZUR LANDESKUNDE

zu 1

Geschenke können entweder direkt überreicht oder in der Wohnung des Gastgebers abgelegt werden. Der Gastgeber geht möglicherweise nicht unmittelbar darauf ein, bedankt sich dann aber beim Abschied. Auch wenn die Geschenke direkt überreicht werden, ist es nicht immer üblich, dass sie sofort aufgemacht werden.

Bei der Hochzeitsfeier werden nicht nur Geschenke übergeben, sondern der Braut und dem Bräutigam auch Geldscheine angeheftet. Eventuell wird auch laut verkündet, wer was geschenkt hat.

Es gibt auch zwei große religiöse Feste in der Türkei, die beide beweglich sind: *Şeker Bayramı* „Zuckerfest" und *Kurbanı Bayramı* „Opferfest".
Das *Şeker Bayramı* wird am Ende des Fastenmonats Ramadan, auf türkisch *ramazan*, gefeiert und dauert drei Tage.
Das *Kurban Bayramı* wird zwei Monate und zehn Tage danach gefeiert und dauert vier Tage. Anlässlich dieses Festes kann ein Opfertier, in der Regel ein Widder, geschlachtet werden.
Bei beiden Festen besucht man sich gegenseitig, auch ohne sich vorher anzumelden. Diese Feste dienen auch der Aussöhnung.

zu 16

Einladungen zu Verlobungen, Hochzeiten und Beschneidungen werden in der Regel entweder im Namen der Eltern oder der Familie gedruckt und versandt.

ERLÄUTERUNGEN ZUR GRAMMATIK

ab 6
Wiedergabe von „können" im Türkischen
Yeterlik eylemi

Türkisch kennt für „können" kein eigenes Verb. Das wird durch das Suffix *-(y)ebil-* oder *-(y)abil-* ausgedrückt. Dieses wird an den Verbalstamm angehängt.

ERLÄUTERUNGEN ZUR GRAMMATIK

	GELEBİLMEK *kommen können*		YAZABİLMEK *schreiben können*	
ben	gelebilirim	gelebilir miyim?	yazabilirim	yazabilir miyim?
sen	gelebilirsin	gelebilir misin?	yazabilirsin	yazabilir misin?
o	gelebilir	gelebilir mi?	yazabilir	yazabilir mi?
biz	gelebiliriz	gelebilir miyiz?	yazabiliriz	yazabilir miyiz?
siz	gelebilirsiniz	gelebilir misiniz?	yazabilirsiniz	yazabilir misiniz?
onlar	gelebilir / gelebilirler	gelebilir mi? / gelebilirler mi?	yazabilir / yazabilirler	yazabilir mi? / yazabilirler mi?

1. Diese Form wird hauptsächlich zum Ausdruck von „in der Lage sein" verwendet:

Yarın saat üçte gelebilirim. „Ich kann morgen um drei Uhr kommen."

Außerdem wird sie verwendet:

2. Wenn man um Erlaubnis bittet:

Burada sigara içebilir miyim? „Kann / darf ich hier rauchen?"

3. Wenn man eine höfliche Bitte formuliert:

Bana yardım edebilir misiniz? „Können Sie mir helfen?"

4. Wenn man einen Rat erteilt:

Renate'ye kolye hediye edebilirsin. „Du kannst Renate eine Kette schenken."

5. Wenn man einen Vorschlag machen will:

Sinemaya gidebiliriz. „Wir können ins Kino gehen."

6. Wenn man eine Möglichkeit / Wahrscheinlichkeit ausdrückt:

Olabilir. „Kann sein."

ERLÄUTERUNGEN ZUR GRAMMATIK

ab 10
Wiedergabe von „nicht können" im Türkischen
Yeterlik eyleminin olumsuzu

„Nicht können" wird durch *-(y)eme-* oder *-(y)ama-* ausgedrückt. Dieses Suffix wird ebenfalls an den Verbalstamm angehängt.

	GELEMEMEK *nicht kommen können*		YAZAMAMAK *nicht schreiben können*	
ben	gelemem	gelemez miyim?	yazamam	yazamaz mıyım?
sen	gelemezsin	gelemez misin?	yazamazsın	yazamaz mısın?
o	gelemez	gelemez mi?	yazamaz	yazamaz mı?
biz	gelemeyiz	gelemez miyiz?	yazamayız	yazamaz mıyız?
siz	gelemezsiniz	gelemez misiniz?	yazamazsınız	yazamaz mısınız?
onlar	gelemez / gelemezler	gelemez mi? / gelemezler mi?	yazamaz / yazamazlar	yazamaz mı? / yazamazlar mı?

1. Diese Form wird zum Ausdruck von „nicht in der Lage sein" verwendet.

Yarın saat üçte gelemem. „Ich kann morgen nicht um drei Uhr kommen."
Uğrayamam, kusura bakma. „Ich kann nicht vorbeikommen, entschuldige."
Geceleri iyi uyuyamıyorum. „Ich kann nachts nicht gut schlafen."

Auf die Frage *Çantanı buldun mu?* „Hast du deine Tasche gefunden?" antwortet man positiv entweder *Buldum / Bulabildim,* aber negativ nur *Bulamadım* „Ich konnte sie nicht finden".

Außerdem wird diese Form verwendet:

2. Wenn man einen Vorschlag macht und damit den Gesprächspartner für seine Absicht gewinnen möchte. Der Vorschlag wird als Frage formuliert:

Sinemaya gidemez miyiz? „Können wir nicht ins Kino gehen?"

3. Wenn man eine Unmöglichkeit / Unwahrscheinlichkeit ausdrückt:

Olamaz. „(Das) kann nicht sein."

ÜBUNGEN

1 59-60 Das zweiförmige Suffix -(y)ebil- / -(y)abil zur Bildung der Möglichkeit: Hören Sie zu und sprechen Sie nach.

Gel*ebi*lirim.   Gel*ebi*lir miyim?
Gel*ebi*lirsin.   Gel*ebi*lir misin?
Gel*ebi*lirsiniz.   Gel*ebi*lir misiniz?

Yaz*abi*lirim.   Yaz*abi*lir miyim?
Yaz*abi*lirsin.   Yaz*abi*lir misin?
Yaz*abi*lirsiniz.   Yaz*abi*lir misiniz?

2 Das zweiförmige Suffix -(y)eme- / -(y)ama- zur Bildung der Unmöglichkeit: Hören Sie zu und sprechen Sie nach.

Gel*eme*m.   Gel*emez* miyim?
Gel*emez*sin.   Gel*emez* misin?
Gel*emez*siniz.   Gel*emez* misiniz?

Yaz*ama*m.   Yaz*amaz* mıyım?
Yaz*amaz*sın.   Yaz*amaz* mısın?
Yaz*amaz*sınız.   Yaz*amaz* mısınız?

3 Wann sagen wir das?

1. İyi yolculuklar.
2. Bayramınız kutlu olsun.
3. Geçmiş olsun.
4. Bir yastıkta kocayın.
5. Analı babalı büyüsün.
6. Nice yıllara.
7. Başarılar dilerim.
8. İyi dersler.
9. Doğum gününüz kutlu olsun.

a. Yılbaşında.
b. Dersten önce.
c. Nikâhta.
ç. Doğum gününde.
d. Yolculuktan önce.
e. Bir çocuğun doğumunda.
f. Hastalıkta.
g. Kurstan önce.
h. Bayramlarda.

4 Vervollständigen Sie.

	UĞRAYABİLMEK	UĞRAYAMAMAK
Ben		uğrayamam.
Sen		
O	uğrayabilir.	
Biz		
Siz		
Onlar		

5 Welche Antwort gehört zu welcher Frage?

1. Sabine'ye ne hediye edelim?
2. Bugün uğrayabilir misin?
3. Ne zaman gelebilirsiniz?
4. Domates rica edebilir miyim?
5. Ne yapabilirim?
6. Kim yardım edebilir?
7. Size bir şey sorabilir miyim?

a. Tabii. Kaç kilo olsun?
b. Rica ederim, buyurun.
c. Sybille.
ç. Bugün olmaz. Çok işim var.
d. Bir fikrim yok.
e. Telefon edebilirsin.
f. Saat üç buçukta.

ÜBUNGEN

6 Vervollständigen Sie die Dialoge.

1.
- Andrea'nın davetiyesini _____ mı?
- Evet, aldım.
- Ne hediye _____ düşünüyorsun?
- Bir fikrim yok. ___ hediye _____?
- Ben _____ bileyim?
- Andrea Türk yemeklerini _____?
- Çok hoşuna _____.
- Öyleyse bir sofra _____ hediye _____.
- İyi olur.

2.
- Affedersiniz, size bir şey _____?
- Buyurun, sorun.
- Ankara oteline nasıl _____?
- Dolmuşla mı, yayan mı gitmek _____?
- Dolmuşla.
- Dolmuşlar eczanenin önünden _____.
- Sağ _____.
- Bir şey _____.

3.
- Hafta sonu biz piknik yapıyoruz.
- _____?
- Rıdvan, Thomas, Birgitte …
- Ben de _____?
- Buyur gel.
- _____ getireyim?
- Yaprak sarma _____.
- Seve seve.

7 Übersetzen Sie die folgenden Wörter und Sätze und tragen Sie sie ein.

1. Du kannst nicht kommen.
2. Wir sind gekommen.
3. Ich gratuliere.
4. Geschenk
5. gut
6. Er kann kommen.
7. Er kann nicht nehmen.
8. Halskette
9. Wasserpfeife

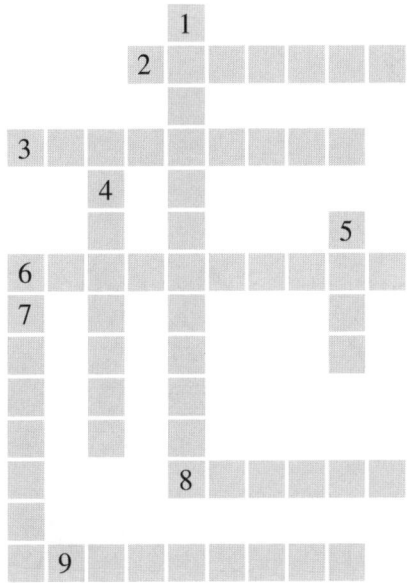

ON SEKİZİNCİ DERS 127

ÜBUNGEN

8 Was kann ein Urlauber in den Ferien machen?

1. _____
2. _____
3. _____
4. _____
5. _____
6. _____
7. _____
8. _____

9 Wie formulieren Sie eine höfliche Bitte?

1. Uwe'nin size yardım etmesini istiyorsunuz.
   Uwe, bana yardım edebilir misin?
2. Yusuf'un size uğramasını istiyorsunuz.
   _____?
3. Ali Beyin size telefon etmesini istiyorsunuz.
   _____?
4. Gül'ün size kart yazmasını istiyorsunuz.
   _____?
5. Markus'un yemek pişirmesini istiyorsunuz.
   _____?
6. Satıcının iki kilo elma vermesini istiyorsunuz.
   _____?
7. Eşinizin sizi beklemesini istiyorsunuz.
   _____?

ÜBUNGEN

10 Sie bitten um Erlaubnis.
Was sagen Sie?

1. Sigara içmek istiyorsunuz.
   Sigara içebilir miyim? ?
2. Telefon etmek istiyorsunuz.
   _____ ?
4. Bir şey sormak istiyorsunuz.
   _____ ?
5. Yardım etmek istiyorsunuz.
   _____ ?
6. Fotoğraf makinesine bakmak istiyorsunuz.
   _____ ?
7. Martin'in adresini rica ediyorsunuz.
   _____ ?

11 Bilden Sie Sätze.

1. Ayşe / hediye edebilmek / ne / biz
2. bana / sen / telefon edebilmek / yarın
3. saat / üç / gelememek / ben
4. bize / uğrayamamak / sen / bu akşam?
5. sen / unutmamak / mektup yazmak
6. sigara içebilmek / otobüs / ben?
7. ben / size / sorabilmek / bir şey?

12 Hörverständnisübung

Hören Sie nun, was drei Leute Emine zum Geburtstag schenken wollen oder können. Lesen Sie folgende Lösungen und hören Sie sich den Dialog ein- oder zweimal an. Kreuzen Sie dann die richtige Variante an.

1. Aynur Emine'ye
   - a. yemek kitabı
   - b. saat
   - c. CD hediye etmek istiyor.

2. Çetin Emine'ye
   - a. saz hediye edebilir. Çünkü saz çalıyor.
   - b. tenis topu hediye edebilir. Tenis oynamayı seviyor.
   - c. kolye hediye edebilir. Çünkü kolye takmayı seviyor.

3. Sadri Emine'ye
   - a. saat hediye edebilir. Çünkü Almanca dersine arada sırada geç geliyor.
   - b. tavla hediye edebilir. Çünkü tavla oynamayı seviyor.
   - c. yemek kitabı hediye edebilir. Çünkü yemek pişirmeyi seviyor.

ON SEKİZİNCİ DERS

EVİMİZ DÖRT ODALI
UNSERE WOHNUNG HAT VIER ZIMMER

ERLÄUTERUNGEN ZUM SPRACHGEBRAUCH UND ZUR LANDESKUNDE

zu 7

Der Salon ist in türkischen Wohnungen das größte und das am besten eingerichtete Zimmer. Es wird als Wohnzimmer benutzt, in dem auch die Gäste empfangen werden. In dem Beispiel handelt es sich um eine Vier-Zimmer-Wohnung.

üç oda, bir salon „drei Zimmer und ein Salon"

zu 15

Birinci kat „erster Stock" entspricht dem Erdgeschoss im Deutschen. Anstelle von *birinci kat* wird manchmal auch *zemin kat* „Erdgeschoss" verwendet. In diesem Fall ist die Zählung wie in Deutschland.

çatı katı „Dachgeschoss"

zu 17

1879'uncu Sokak, No: 21, Gökhan Apartmanı, Daire 8

In vielen Städten sind die Straßen mit Namen oder mit Nummern versehen. Mietshäuser sind zur Straßenseite hin mit einem Namen beschriftet. Etagenwohnungen sind von unten nach oben durchnummeriert.

ERLÄUTERUNGEN ZUR GRAMMATIK

ab 1
Das Suffix *-dir*
-dir eki

Mit dem Suffix *-dir* bekräftigt der Sprecher eine Äußerung, die eine generelle Gültigkeit hat.

-dir	-dür	-dır	-dur
-tir	-tür	-tır	-tur

Apartman birkaç katlıdır. „Ein Mietshaus ist mehrstöckig."
Daire kiralıktır. „Die Wohnung ist zu vermieten."

In Verbindung mit Zeitangaben drückt *-dir* einen Zeitraum aus.

Altı aydır ev arıyoruz. „Wir suchen schon sechs Monate eine Wohnung."
Üç gündür yağmur yağıyor. „Es regnet schon drei Tage lang."
İki saattir seni bekliyorum. „Ich warte schon zwei Stunden auf dich."

zu 2
Suffixabwurf
Ek düşmesi

Wenn ein türkischer Satz zwei oder mehrere Prädikate in der gleichen Zeitform und in der gleichen Person enthält, ist es möglich, das Personalsuffix nur einmal, und zwar an das letzte Prädikat, zu setzen. Die Vergangenheit auf *-di* ist davon ausgenommen.

Mutfakta hem yemek pişiriyor, hem yemek yiyoruz. „In der Küche kochen und essen wir."

ab 4
niyet „Absicht"

Eine Absicht kann im Türkischen auch mit dem Substantiv *niyet* „Absicht" ausgedrückt werden.

Senin niyetin ne? „Was hast du vor? (wörtl: Was ist deine Absicht?)"

Um eine Absicht auszudrücken, wird dieser Begriff häufig durch Possessivsuffixe mit Vollinfinitiven verkettet:

taşınmak niyeti „Umzugsabsicht"
Taşınmak niyetindeyiz. „Wir beabsichtigen umzuziehen. (wörtl.: Wir sind in der Absicht umzuziehen.)"

Vergleichen Sie zur Verkettung durch Possessivsuffixe Lektion 9.

ERLÄUTERUNGEN ZUR GRAMMATIK

ab 10
Futur
Gelecek zaman

Das Futur wird durch das zweiförmige Suffix *-(y)ecek / -(y)acak* gebildet.

	GELMEK	GELMEMEK	TAŞINMAK	TAŞINMAMAK
	bejaht	*verneint*	*bejaht*	*verneint*
ben	geleceğim	gelmeyeceğim	taşınacağım	taşınmayacağım
sen	geleceksin	gelmeyeceksin	taşınacaksın	taşınmayacaksın
o	gelecek	gelmeyecek	taşınacak	taşınmayacak
biz	geleceğiz	gelmeyeceğiz	taşınacağız	taşınmayacağız
siz	geleceksiniz	gelmeyeceksiniz	taşınacaksınız	taşınmayacaksınız
onlar	gelecek(ler)	gelmeyecek(ler)	taşınacak(lar)	taşınmayacak(lar)
	fragend	*fragend-verneint*	*fragend*	*fragend-verneint*
ben	gelecek miyim?	gelmeyecek miyim?	taşınacak mıyım?	taşınmayacak mıyım?
sen	gelecek misin?	gelmeyecek misin?	taşınacak mısın?	taşınmayacak mısın?
o	gelecek mi?	gelmeyecek mi?	taşınacak mı?	taşınmayacak mı?
biz	gelecek miyiz?	gelmeyecek miyiz?	taşınacak mıyız?	taşınmayacak mıyız?
siz	gelecek misiniz?	gelmeyecek misiniz?	taşınacak mısınız?	taşınmayacak mısınız?
onlar	gelecek(ler) mi?	gelmeyecek(ler) mi?	taşınacak(lar) mı?	taşınmayacak(lar) mı?

In flüssiger Sprache hört man sehr oft, dass die Futurformen etwas anders ausgesprochen werden, als das Schriftbild es darstellt. Die annähernde Aussprache ist unten dargestellt. Die unterstrichenen Vokale werden länger ausgesprochen.

ben	gelicem	gelmiyecem	taşınıcam	taşınmıyacam
sen	geliceksin	gelmiyeceksin	taşınıcaksın	taşınmıyacaksın
o	gelicek	gelmiyecek	taşınıcak	taşınmıyacak
biz	gelicez	gelmiyecez	taşınıcaz	taşınmıyacaz
siz	geliceksiniz	gelmiyeceksiniz	taşınıcaksınız	taşınmıyacaksınız
onlar	gelicek(ler)	gelmiyecek(ler)	taşınıcak(lar)	taşınmayacak(lar)

Tatilde Türkiye'ye gideceğiz. „Im Urlaub werden wir in die Türkei fahren."
Hafta sonu taşınacağız. „Am Wochenende werden wir umziehen."

Merke:

demek „sagen": diyeceğim, diyeceksin, diyecek, diyeceğiz, diyeceksiniz, diyecek(ler)
yemek „essen": yiyeceğim, yiyeceksin, yiyecek, yiyeceğiz, yiyeceksiniz, yiyecek(ler)

ERLÄUTERUNGEN ZUR GRAMMATIK

zu 15
Ordinalzahlen
Sıra sayıları

Die Ordinalzahlen werden durch das vierförmige Suffix *-(i)nci* gebildet. Die Silbe vor *-ci* wird betont.

1.	bir**inci**	*erster*	6.	alt**ıncı**	*sechster*
2.	ik**inci**	*zweiter*	7.	yed**inci**	*siebter*
3.	üç**üncü**	*dritter*	8.	sekiz**inci**	*achter*
4.	dör**düncü**	*vierter*	9.	dokuz**uncu**	*neunter*
5.	beş**inci**	*fünfter*	10.	on**uncu**	*zehnter*

ÜBUNGEN

62-64

1 Das vierförmige Suffix -*dir* / -*tir*:
Hören Sie zu und sprechen Sie nach.

kaloriferli*dir*   iki gün*dür*
bir saat*tir*   asansörlü*dür*
iki kişilik*tir*   gürültülü*dür*

bir hafta*dır*   banyolu*dur*
iki yıl*dır*   duşlu*dur*
üç ay*dır*   o*dur*
satılık*tır*

2 Das zweiförmige Suffix -(*y*)*ecek* / -(*y*)*acak*: Hören Sie zu und sprechen Sie nach.

Gel*eceğ*im.   Gelm*eyeceğ*im.
Gel*ecek*sin.   Gelm*eyecek*sin.
Gel*eceğ*iz.   Gelm*eyeceğ*iz.
Gel*ecek*siniz.   Gelm*eyecek*siniz.

Taşın*acağ*ım.   Taşınm*ayacağ*ım.
Taşın*acak*sın.   Taşınm*ayacak*sın.
Taşın*acağ*ız.   Taşınm*ayacağ*ız.
Taşın*acak*sınız.   Taşınm*ayacak*sınız.

Gel*ecek* miyim?   Gelm*eyecek* miyim?
Gel*ecek* misin?   Gelm*eyecek* misin?
Gel*ecek* miyiz?   Gelm*eyecek* miyiz?
Gel*ecek* misiniz?   Gelm*eyecek* misiniz?

Taşın*acak* mıyım?   Taşınm*ayacak* mıyım?
Taşın*acak* mısın?   Taşınm*ayacak* mısın?
Taşın*acak* mıyız?   Taşınm*ayacak* mıyız?
Taşın*acak* mısınız?   Taşınm*ayacak* mısınız?

3 Das vierförmige Suffix -(*i*)*nci*:
Hören Sie zu und sprechen Sie nach.

bir*inci*
ik*inci*
üç*üncü*
dörd*üncü*
beş*inci*
alt*ıncı*
yed*inci*
sekiz*inci*
dokuz*uncu*
on*uncu*

4 Lesen Sie die unten stehenden Anzeigen von Miets- und Eigentumswohnungen. Schreiben Sie die Antworten auf die Fragen in Ihr Heft.

SATILIK, KİRALIK EMLAK

1.
KREFELD
şehir merkezinde, 3 oda, asansör, modern banyo, 82 m² daire satılıktır, fiyatı 160 bin €.
Tel. 06198-33157

2.
ESENTEPE'de
219. Sokak, No: 34
8. kat, üç oda bir salon, süper yatak odası ve mutfak, çift tuvalet, 115 m² daire sahibinden kiralıktır.
15 milyon, Tel. 6612566

ÜBUNGEN

3.
SUADİYE'de
deniz manzaralı, 4 oda,
1 salon, asansörlü, çift banyo,
lüks daire 20 milyara satılıktır.
Tel. 3697576

4.
AKLAN EMLAK'tan
Oyak Sitesinde, 4 odalı,
kaloriferli, çift balkonlu
daire kiralıktır, 15 milyon,
Tel. 625781

5.
KİRALIK YAZLIK
plaja 300 metre, 4 oda,
bir salon, tripleks, 140 m^2,
çift banyolu, aylık kira
20 milyon, Tel. 2324075

6.
KİRALIK DAİRE
üç oda, bir salon, 2. kat
alafranga tuvalet, yakıt
hariç 425 €,
Tel. 4969235

1. Nr. / 2. Nr. / ...
a. Nerede?
b. Satılık mı?
c. Kaç odalı?
d. Kaç metrekare?
e. Kirası / fiyatı ne kadar?
f. Kiralık mı?
g. Kaçıncı katta?

5 Schreiben Sie das Gegenteil.

1. küçük – _____
2. gürültülü – _____
3. eski – _____
4. dar – _____
5. ucuz – _____
6. aydınlık – _____

6 Was passt nicht?

1. daire, yazlık, çay bahçesi, apartman
2. taşınmak, oturmak, kiralamak, içmek
3. ev, işyeri, apartman, daire
4. yakıt dahil, yakıt hariç, kira, yakın
5. kaloriferli, sobalı, üst, deniz manzaralı
6. oturma odası, yatak odası, çalışma odası, arada sırada, misafir odası
7. gürültülü, geniş, dar, aydınlık, sağlıklı

7 Vervollständigen Sie die Dialoge.

1.
■ Merhaba Mehmet, _____?
❏ _____ _____, iyiyim.
■ Bir ricam var.
❏ _____.
■ Nihayet bir daire bulduk. Hafta sonu _____. Yardım _____?
❏ Seve seve.

2.
■ Yeni daireniz kaç _____?
❏ Dört. Oturma, yatak, çalışma ve çocuk _____ var.
■ _____ ne kadar?
❏ 30.000.000 lira.

ON DOKUZUNCU DERS

ÜBUNGEN

3.
- Yeni dairenizden _____ musunuz?
- Çok memnunuz. Hem modern hem de _____ çok ucuz.
- _____ katta?
- Dördüncü. Otobüs _____ da çok yakın.
- Biz de buradan _____ istiyoruz.
- _____?
- Bahçeli Evler Sitesi'ne.

8 Vervollständigen Sie die Sätze.
Verwenden Sie folgende Verben:

kullanmak / bulunmak / görmek / taşınmak / toplamak / aramak / davet etmek

1. Her dairede en az bir oda _____.
2. Ben üç odalı bir daire _____.
3. Biz misafir odasını çocuk odası olarak _____.
4. Sadri Beyler geçen hafta sonu bahçeli bir eve _____.
5. Biz yazlıkları genellikle deniz kenarlarında _____.
6. Ajda Hanımları oturmaya _____.
7. Ne mi yapıyorum? Eşyaları _____.

9 Welche Frage passt?

Ne zamandan beri? / Kaçıncı katta? / Kaç yıldır? / Kirası ne kadar? / Kimden kiraladınız?

1. _____? 11 milyon.
2. _____? İkinci katta oturuyoruz.
3. _____? Üç haftadan beri.
4. _____? Sahibinden.
5. _____? Beş.

10 Übersetzen Sie die folgenden Wörter und Sätze ins Türkische und tragen Sie sie ein.

1. Miete
2. eng
3. Mietshaus
4. Bad
5. Sachen, Gegenstände
6. Etagenwohnung
7. Wir sind umgezogen.
8. benutzen
9. Küche
10. (Un-)Kosten
11. breit

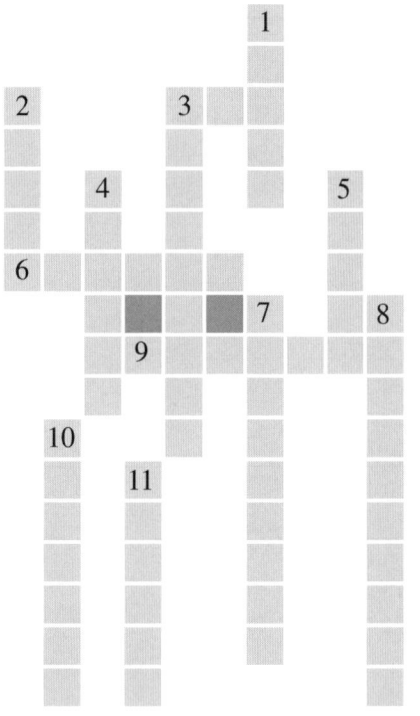

ÜBUNGEN

11 Setzen Sie die Sätze ins Futur.

1. Avni Bey nisanda buradan taşınıyor.
2. Eşyaları topluyoruz.
3. Biz sinemaya gidiyoruz. Sen de geliyor musun?
4. Semra Hanım bu evi beğenmez.
5. Ayrılıyor musunuz?
6. Kirayı ne zaman ödüyorsunuz?
7. Tansu'ya niçin yardım etmiyorsunuz?

12 Verketten Sie die Wörter.

1. yatak – oda   yatak odası
2. yakıt – masraf   _____
3. deniz – kenar   _____
4. apartman – daire   _____
5. Gültepe – site   _____
6. emlak – büro   _____
7. apartman – sahip   _____

13 Welche Antwort gehört zu welcher Frage?

1. Ne zaman taşınacaksınız?
2. Yazlığınız kaç odalı?
3. Evin kirası ne kadar?
4. Daireniz deniz görüyor mu?
5. Yakıt masrafları dahil mi?
6. Nerede oturuyorsunuz?
7. Ne zamandan beri buradasınız?

a. 22 milyon 500 bin.
b. İki gündür.
c. İnşallah haftaya.
ç. Hayır, hariç.
d. Üç oda, bir salon.
e. 197'nci Sokak, 24 numarada.
f. Evet, deniz manzaralı.

14 Bilden Sie Sätze.

1. biz / üç odalı / oturmak / bir ev
2. siz / kaç / daire / odalı
3. 235 / Ali Bey / oturmak / sokak
4. yeni eve / taşınmak / ne zaman / siz
5. ev / ne kadar / kira
6. kat / sen / oturmak / kaçıncı
7. yakıt / ödemek / sen / kaç € / masraf
8. kaç yıl / oturmak / burada / sen

15 Vervollständigen Sie die Sätze mit folgenden Wörtern:

fakat / daha / belki / için / nihayet

1. Saat dört oldu, Ali Bey _____ gelmedi.
2. Pazara gidiyorum. Hafta sonu _____ alışveriş yapmam lazım.
3. Tam iki yıldır bahçeli bir ev arıyoruz. _____ bulabildik.
4. Dün kiralık bir eve baktık, beğendik. _____ kirası çok yüksek.
5. Size bir yazlık göstereceğim, _____ beğenirsiniz.
6. _____ ne kadar bekleyeceğiz?
7. Saat üçten beri bekliyoruz. _____ gelebildin!

ÜBUNGEN

16 Hörverständnisübung

Hören Sie nun, was eine Frau über ihre Wohnung und Wohnverhältnisse erzählt. Lesen Sie folgende Lösungen und hören Sie sich den Dialog ein- oder zweimal an. Kreuzen Sie dann die richtige Variante an.

1. Emine Hanımlar
   a. şehir merkezinde
   b. deniz kenarında
   c. şehir merkezine biraz uzak bir sitede oturuyor.

2. Emine Hanımlar
   a. bahçeli bir evde
   b. bir apartman katında
   c. bir yazlıkta oturuyor.

3. Konutta
   a. bir çalışma, bir yatak, bir oturma
   b. bir çocuk, bir yatak, bir oturma
   c. bir oturma, bir yatak, bir çocuk ve bir çalışma odası var.

4. Aile
   a. kira ödemiyor, daire ailenin.
   b. 11 milyon kira ödüyor.
   c. ne kadar kira ödüyor, Emine Hanım bilmiyor.

ERDAL İSTANBUL'A GİTMİŞ
ERDAL IST NACH ISTANBUL GEFAHREN

ERLÄUTERUNGEN ZUM SPRACHGEBRAUCH UND ZUR LANDESKUNDE

zu 2

Das Wort *dost* ist übrigens doppeldeutig; es kann nicht nur „guter Freund", sondern auch „Liebhaber" bedeuten.

ERLÄUTERUNGEN ZUR GRAMMATIK

zu 2
Die Koseform *-ciğim*

Die vierförmige Koseform *-ciğim* besteht aus dem Verkleinerungssuffix **-cik** und dem Possessivsuffix 1. Person Singular:

Gülşenciğim „meine liebe Gülşen"

Wenn Kinder an ihre Eltern schreiben, ist die Anrede meistens *anneciğim* „meine liebe Mutti", *babacığım* „mein lieber Vati".

Beachten Sie, dass *-ciğim* wie *-cim* gesprochen wird.

ab 2
Die Vergangenheit auf *-miş*
-miş'li geçmiş zaman

Die „Vergangenheit auf *-miş*" hat im Deutschen keine Entsprechung. Sie drückt einen Sachverhalt aus, den der Sprecher nachträglich betrachtet und als Feststellung äußert. Sie wird in folgenden Fällen verwendet:

1.
Hanımı söyledi, Erdal Bey İstanbul'a gitmiş. „Seine Frau hat gesagt, Erdal Bey ist nach Istanbul gefahren."

ERLÄUTERUNGEN ZUR GRAMMATIK

Die Aussage der Frau von Erdal wird vom Sprecher weitererzählt.

Hanımı söyledi, Erdal Bey İstanbul'a gitmiş. „Seine Frau hat gesagt, Erdal Bey sei nach Istanbul gefahren. / Seine Frau hat gesagt, Erdal Bey soll nach Istanbul gefahren sein."

Diese beiden Übersetzungen zeigen, dass der Sprecher die Aussage weitererzählt und er entweder sich von der Aussage distanziert oder die Unsicherheit der Frau wiedergibt. In solchen Fällen steht in der deutschen Übersetzung der Konjunktiv oder eine Umschreibung dafür.

2.
Evinizi zevkli döşemişsiniz. „Sie haben Ihre Wohnung aber geschmackvoll eingerichtet."

Es handelt sich hier nicht um Weitererzählen, sondern um die eigene Feststellung des Sprechers.

3.
Birkaç dakika dinlenmek istedim, yattım. Tam iki saat uyumuşum. „Ich wollte mich ein paar Minuten erholen und habe mich hingelegt. Da habe ich doch genau zwei Stunden geschlafen."

Auch hier handelt es sich nicht um Weitererzählen, sondern um die Feststellung des Sprechers, dass ihm der Ablauf des Sachverhalts unbewusst war.

4.
Bir gün Nasrettin Hoca'yı düğüne davet etmişler. „Eines Tages hat man Nasrettin Hoca auf eine Hochzeit eingeladen."

Anekdoten und Märchen können auch in dieser Vergangenheitsform erzählt werden.

	GİTMEK	DÖNMEK	TAŞINMAK	OTURMAK
ben	git**miş**im	dön**müş**üm	taşın**mış**ım	otur**muş**um
sen	git**miş**sin	dön**müş**sün	taşın**mış**sın	otur**muş**sun
o	git**miş**	dön**müş**	taşın**mış**	otur**muş**
biz	git**miş**iz	dön**müş**üz	taşın**mış**ız	otur**muş**uz
siz	git**miş**siniz	dön**müş**sünüz	taşın**mış**sınız	otur**muş**sunuz
onlar	git**miş**(ler)	dön**müş**(ler)	taşın**mış**(lar)	otur**muş**(lar)
gitmemek	gitmemişim, gitmemişsin, gitmemiş			
	gitmemişiz, gitmemişsiniz, gitmemiş(ler)			
taşınmamak	taşınmamışım, taşınmamışsın, taşınmamış			
	taşınmamışız, taşınmamışsınız, taşınmamış(lar)			
ben	gitmiş miyim?	dönmüş müyüm?	taşınmış mıyım?	oturmuş muyum?
sen	gitmiş misin?	dönmüş müsün?	taşınmış mısın?	oturmuş musun?
o	gitmiş mi?	dönmüş mü?	taşınmış mı?	oturmuş mu?
biz	gitmiş miyiz?	dönmüş müyüz?	taşınmış mıyız?	oturmuş muyuz?
siz	gitmiş misiniz?	dönmüş müsünüz?	taşınmış mısınız?	oturmuş musunuz?
onlar	gitmiş(ler) mi?	dönmüş mü?	taşınmış(lar) mı?	oturmuş mu?
		dönmüşler mi?		oturmuşlar mı?

ERLÄUTERUNGEN ZUR GRAMMATIK

ab 10
Die Form *imiş*
imiş

Während -*miş* an Verbalstämme angehängt wird und eine Zeitstufe ausdrückt, nämlich die Vergangenheit, wird *imiş* an Nomen angefügt und drückt keine Zeitstufe aus. Die Zeitstufe ist dem Kontext zu entnehmen. Mit *imiş* wird u. a. etwas weitererzählt und auch eine Feststellung geäußert. In dieser Hinsicht gibt es eine gewisse Parallelität im Anwendungsbereich der beiden Formen.

Die Form *imiş* kommt selbstständig, weitaus häufiger jedoch als Suffix vor. Als Suffix ist sie vierförmig und stets unbetont. Nach Vokal steht statt dem ersten *i* ein *y*, also -*ymiş*. Nach Konsonant fällt das erste *i* aus.

1. Selbstständig:

1. Pers. Sg.	imişim	*1. Pers. Pl.*	imişiz
2. Pers. Sg.	imişsin	*2. Pers. Pl.*	imişsiniz
3. Pers. Sg.	imiş	*3. Pers. Pl.*	imiş(ler)

Sen dün gene kahvede imişsin. „Du warst offenbar gestern wieder im Café. /
   Du sollst gestern wieder im Café gewesen sein."
Masa pek pratik imiş. „Der Tisch ist aber sehr praktisch."

2. Als Suffix:

1. Pers. Sg.	-(y)mişim	-(y)müşüm	-(y)mışım	-(y)muşum
2. Pers. Sg.	-(y)mişsin	-(y)müşsün	-(y)mışsın	-(y)muşsun
3. Pers. Sg.	-(y)miş	-(y)müş	-(y)mış	-(y)muş
1. Pers. Pl.	-(y)mişiz	-(y)müşüz	-(y)mışız	-(y)muşuz
2. Pers. Pl.	-(y)mişsiniz	-(y)müşsünüz	-(y)mışsınız	-(y)muşsunuz
3. Pers. Pl.	-(y)miş(ler)	-(y)müş(ler)	-(y)mış(lar)	-(y)muş(lar)

Masa pek pratikmiş. „Der Tisch ist aber sehr praktisch."
Bu sokak ne kadar sessizmiş. „Wie ruhig ist doch diese Straße."
Sen dün gene kahvedeymişsin. „Du warst offenbar gestern wieder im Café. /
   Du sollst gestern wieder im Café gewesen sein."

ÜBUNGEN

66-67

1 Das vierförmige Suffix -*miş*:
Hören Sie zu und sprechen Sie nach.

a. gel*miş* dön*müş*
   git*miş* gül*müş*

   al*mış*   ol*muş*
   çağır*mış* unut*muş*

b. Gel*miş* mi?   Dön*müş* mü?
   Gelme*miş* mi?   Dönme*miş* mi?

   Al*mış* mı?   Unut*muş* mu?
   Alma*mış* mı?   Unutma*mış* mı?

c. Siz söyle*miş*siniz.
   Siz götür*müş*sünüz.
   Siz al*mış*sınız.
   Siz unut*muş*sunuz.

   Sen söyle*miş*sin.
   Sen götür*müş*sün.
   Sen al*mış*sın.
   Sen unut*muş*sun.

2 Die Form *imiş* als Suffix:
Hören Sie zu und sprechen Sie nach.

güzel*miş*   likör*müş*
pratik*miş*   dün*müş*
iyi*ymiş*   kötü*ymüş*
gazeteci*ymiş* gözlüklü*ymüş*

var*mış*   yok*muş*
kiralık*mış*   ucuz*muş*
hasta*ymış*   yorgun*muş*
sakallı*ymış*   pansiyoncu*ymuş*

3 Verbinden Sie.

1. kiralık   döşemek
2. tek   pansiyon
3. sipariş   ödemek
4. kamyonet   oda
5. çekle   kişilik
6. zevkli   etmek
7. yarım   kiralamak

4 Verketten Sie die Wörter.

1. yazı – masa   yazı masası
2. gece – lamba   _____
3. koltuk – takım   _____
4. buz – dolap   _____
5. taşınma – hazırlık _____
6. düğün – davetiye   _____
7. çocuk – para   _____
8. ev – kira   _____

5 Was passt nicht?

1. yumurta / bal / koltuk / üzüm / ekmek
2. ayakkabı / sandalye / gömlek / pantolon
3. raf / yatak / karyola / çakmak
4. ayna / kitap rafı / şeker / elbise dolabı
5. mutfak / kap kacak / karyola / çaydanlık
6. oturma odası / koltuk takımı / davetiye / halı
7. masa lambası / buzdolabı / yazı masası / çalışma odası

ÜBUNGEN

6 Übersetzen Sie die folgenden Wörter und Sätze ins Türkische und tragen Sie sie ein.

1. Teppich
2. einrichten, ausstatten
3. Backofen
4. Er ist in Urlaub.
5. Schlüssel
6. Zimmer
7. Bettgestell
8. zu vermieten
9. Spiegel
10. Tisch
11. frei, leer
12. Stockwerk
13. wie viel?

7 Welche Gegenstände würden Sie wohin stellen?

1. *Yemek masasını mutfağa koyarım.*
2. _____
3. _____
4. _____
5. _____
6. _____
7. _____
8. _____

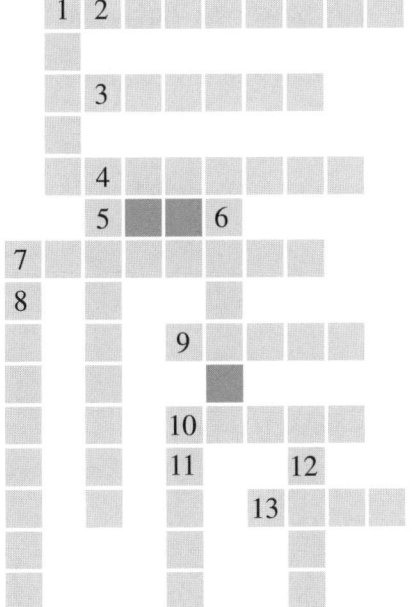

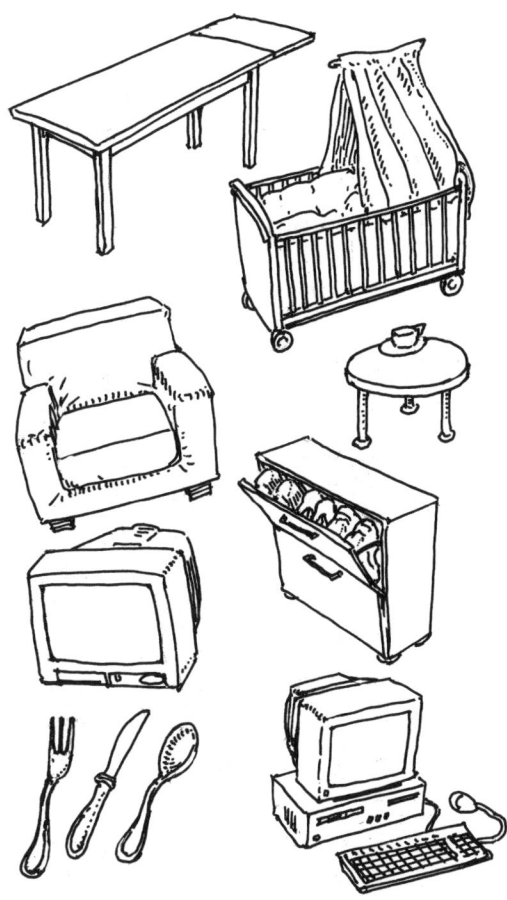

ÜBUNGEN

8 Setzen Sie die Sätze in die Vergangenheitsform auf *-miş*.

1. Sevim Hanımlar taşındılar.
2. Ali Bey eski halıyı almadı.
3. Tarık izinden döndü.
4. Bunu sen söyledin.
5. Evlerini zevkli döşediler.
6. Ali kamyonet kiralamadı mı?
7. Yirmi yıl önce bu pansiyonda kaldık.

9 Bilden Sie Sätze.

1. biz / taşınmak / ev / bir / bahçeli
2. siz / oturma odası / döşemek / zevkli
3. Bak / Ali / dönmek / izin!
4. çocuk odası / ne / başka / lazım
5. oda / tek yataklı / boş / var?
6. ödeyebilmek / ücret / ile / çek
7. iki kişilik / lütfen / bir oda

10 Vervollständigen Sie die Dialoge.

1.
- ■ Duydun mu? Ayşe evlen_____.
- ❏ Hayır, duymadım. Sen nereden _____?
- ■ Gazetede okudum. Fotoğrafı bile var_____.
- ❏ _____?
- ■ Yusuf Beyle.
- ❏ Banka müdür___ Yusuf Beyle __?
- ■ Evet, _____.
- ❏ _____ _____?
- ■ Bir hafta önce. Düğünden sonra Antalya'ya uçakla _____.
- ❏ Hımm...
- ■ Bahçeli bir ev kirala_____.

2.
- ■ Boş _____ var mı?
- ❏ Evet, kaç _____?
- ■ İki _____ çift yataklı bir _____ lütfen.
- ❏ Kaç gece _____?
- ■ İki gece.
- ❏ 312 _____ oda. Buyurun _____.
- ■ Teşekkür ederim.

11 Erzählen Sie die Anekdote „Ye Kürküm Ye" aus Lektion 16 in der *-miş* bzw. *imiş*-Form nach.

Bir gün Nasrettin Hoca'yı düğüne davet etmişler. _____

ÜBUNGEN

12 Hörverständnisübung

Hören Sie nun, wie jemand in einem Hotel ein Zimmer reserviert.
Lesen Sie folgende Lösungen und hören Sie sich den Dialog ein- oder zweimal an. Kreuzen Sie dann die richtige Variante an.

1. Yalçın Bey
   a. üç kişilik bir oda
   b. iki kişilik bir oda
   c. tek kişilik iki oda istiyor.

2. Yalçın Beyin oda numarası
   a. 402.
   b. 204.
   c. 403.

3. Yalçın Bey'in odası
   a. deniz görmüyor.
   b. deniz manzaralı.
   c. bahçeye bakıyor.

ALPHABET UND AUSSPRACHE

Buchstabe	Benennung	Aussprache
A a	a	meistens kurz und dunkel, dunkler als in *man*
B b	be	wie im Deutschen
C c	ce	stimmhaftes 'dsch' wie in *Dschungel*
Ç ç	çe	stimmloses 'tsch' wie in *Tschechisch*
D d	de	wie im Deutschen
E e	e	meistens kurz und offen wie 'ä'
F f	fe	wie im Deutschen
G g	ge	1. in Verbindung mit e, i, ö, ü vorderes 'g' 2. in Verbindung mit a, ı, o, u hinteres 'g' 3. vor a und u mit Zirkumflex sehr hell, als ob ein 'i' mitgesprochen wird
Ğ ğ	yumuşak ge	Dieser Laut besteht aus einer Stimmritzenbewegung, wodurch ein vorangehender Vokal gedehnt gehört wird.
H h	he / ha	1. am Silbenanfang wie im Deutschen 2. am Silbenende wie ein schwaches 'ch'
I ı	ı	kurzes, sehr dumpfes 'i', entfernt ähnlich dem 'e' in *kommen*
İ i	i	1. in erster Silbe geschlossen wie in *Tiger* 2. in nichterster Silbe offen wie in *bin*
J j	je	wie französisches 'j' in *Journal*
K k	ke / ka	1. in Verbindung mit e, i, ö, ü vorderes 'k' (bei einigen arabischen Lehnwörtern vor 'i' jedoch hinteres 'k') 2. in Verbindung mit a, ı, o, u hinteres 'k' 3. vor a und u mit Zirkumflex sehr hell, als ob ein 'i' mitgesprochen wird
L l	le	1. in Verbindung mit e, i, ö, ü wie im Deutschen 2. in Verbindung mit a, ı, o, u wie englisches 'l' in *all* (bei einigen Lehnwörtern vor oder nach a, o, u jedoch wie im Deutschen)

ALPHABET UND AUSSPRACHE

M	m	me	wie im Deutschen
N	n	ne	wie im Deutschen
O	o	o	meistens kurz und offen wie in *kosten*
Ö	ö	ö	meistens kurz und offen wie in *können*
P	p	pe	wie im Deutschen
R	r	re	1. am Anfang einer Silbe Zungenspitzen-r 2. am Ende eines Wortes (oder auch einer Silbe) häufig stimmloses (zischendes) Zungenspitzen-r
S	s	se	stimmloses 's' wie in *Gruß*
Ş	ş	şe	wie deutsches 'sch'
T	t	te	wie im Deutschen
U	u	u	meistens kurz und offen wie in *Mutter*
Ü	ü	ü	wie in *üblich*
V	v	ve	ähnlich dem deutschen 'w'
Y	y	ye	wie deutsches 'j'
Z	z	ze	stimmhaftes 's' wie in *Sonne*

Anmerkung:

- Doppelkonsonanten werden gelängt ausgesprochen.
- Nebeneinanderstehende Vokale werden beide hörbar getrennt ausgesprochen.

RECHTSCHREIBUNG

1. **Der Zirkumflex** (*Düzeltme imi* oder *Düzeltme işareti*) vgl. Lektion 4, S. 27

2. **Der Apostroph** (*Kesme imi* oder *Kesme işareti*)
   - Er trennt die Kasussuffixe von Eigennamen: *Ankara'da* „in Ankara".
   - Er trennt Suffixe bei Ziffern: *9. 11. 1992'de* „am 9. 11. 1992", *2'nci katta* „im 2. Stock".
   - Er zeigt einen Vokalausfall in der gesprochenen Sprache an: *N'apalım?* (< *Ne yapalım?*) „Was sollen wir machen?"

4. **Großschreibung** (*Büyük harflerin kullanılışı*)

Mit großem Anfangsbuchstaben beginnen:
- Eigennamen, Titel, Begriffe für Nationalitäten und Religionen sowie alle Ableitungen von Nationalitäten und Religionen. Letzteres ist für deutsche Lerner ungewöhnlich, aber wichtig: *Türkçe kitap* „türkisches Buch".
- Jedes Wort bei Anreden im Brief: *Sevgili Anneciğim* „meine liebe Mutti".
- Mehrgliedrige Bezeichnungen für Institutionen und Überschriften bei Aufsätzen, Artikeln usw. (jedoch nicht *ve, ile, de*): *Dil ve Tarih-Coğrafya Fakültesi* „Fakultät für Sprachen sowie Geschichte und Geographie", *Kreuzberg Halk Yüksek Okulu* „Volkshochschule Kreuzberg".
- Begriffe wie *bey* „Herr", *hanım* „Frau", *sokak* „Straße", *cadde* „(Haupt-)Straße", wenn sie eine bestimmte Person oder Straße bezeichnen: *Timur Bey* „Herr Timur", *Suzan Hanım* „Frau Suzan", *Ankara Caddesi* „Ankarastraße".
- Die Namen der Wochentage und Monate, wenn sie ein bestimmtes Datum bezeichnen: *29 Ekim 1997 Çarşamba günü* „am Mittwoch, dem 29. Oktober 1997".

5. **Interpunktion** (*Noktalama*)

Die wichtigsten, vom Deutschen abweichenden Regeln:

Das Komma hat die wichtige Funktion – neben der Verdeutlichung von Aufzählungen – aufeinanderfolgende und aufeinanderbeziehbare Wörter oder Wortgruppen syntaktisch zu trennen.

Bu, yaramaz ağabeyim.	Das ist mein ungezogener (älterer) Bruder.
Bu yaramaz, ağabeyim.	Dieser Taugenichts ist mein (älterer) Bruder.

Türkische Nebensätze (oder genauer: *abhängige Sätze*) werden nur zum Teil und ohne feste Regeln durch Kommas abgetrennt oder in Kommas eingeschlossen.

6. **Silbentrennung** (*Hece ayırması*)

Türkisch wird nach Sprechsilben getrennt; das gilt auch für Wörter, die Suffixe enthalten. Dabei soll am Zeilenanfang oder -ende kein einzelner Buchstabe stehen: *oku-yo-rum* „ich lese". Die Sprechsilbentrennung ist für deutsche Lerner hin und wieder ungewöhnlich: *bü-rok-rat* „Bürokrat".

GRAMMATIKBEGRIFFE

Lateinisch	Deutsch	Türkisch
Ablativ	Herleitungsfall	çıkma durumu
Adjektiv	Eigenschaftswort	önad / sıfat
Adverb	Umstandswort	belirteç / zarf
Agglutination	Aneinanderleimung	bitişkenlik
Akkusativ	Bestimmungsfall	belirtme durumu
Attribut	Beifügung	niteleme öbeği
Dativ	Richtungsfall	yönelme durumu
Deklination	Beugung nach Fällen	ad çekimi
Interrogativpartikel	Fragepartikel	ilgeç
Futur	Zukunft	gelecek zaman
Genitiv	Zugehörigkeitsfall	tamlayan durumu
Imperativ	Befehlsform	buyuru / emir kipi
Impossibilitätssuffix	Unmöglichkeitsnachsilbe	yetmezlik eki / eylemi
Infinitiv	Nennform des Verbs	eylemlik / mastar
Kardinalzahlen	Grundzahlen	asıl sayılar
Kasus	Fall (in der Deklination)	durum
Komparation	Steigerung	derecelendirme
Komparativ	Vergleichsstufe	artıklık derecesi
Konjugation	Beugung (des Verbs)	eylem çekimi
Konsonant	Mitlaut	ünsüz
Kurzinfinitiv	kurze Nennform des Verbs	-me yapılı eylemlik / mastar
Lokativ	Ortsfall	bulunma durumu
Negationssuffix	Verneinungsnachsilbe	olumsuzluk eki
Negationswort	Verneinungswort	olumsuzluk sözcüğü
Nomen (Pl. Nomina)	hier: Sammelbezeichnung für deklinierbare Wortarten, insbesondere Substantive und Adjektive	burada: Durum çekim ekleri alabilecek bütün sözcük türleri
Nominativ	Grundform (des Nomens)	yalın durum
Numerale (Pl. Numeralia)	Zahlwort	sayı

GRAMMATIKBEGRIFFE

Lateinisch	Deutsch	Türkisch
Objekt	direkte Satzergänzung	nesne
Optativ	Aufforderungs- und Wunschform	buyuru ve istek kipi
Ordinalzahl	Ordnungszahl	sıra sayısı
Personalpronomen	persönliches Fürwort	kişi adılı
Personalsuffix	personenanzeigende Nachsilbe	kişi eki
Plural	Mehrzahl	çoğul
Possessivkompositum	Wortverkettung durch Possessivsuffixe	ad tamlaması
Possessivpronomen	besitzanzeigendes Fürwort	iyelik adılı
Possessivsuffix	besitzanzeigende Nachsilbe	iyelik eki
Possibilitätssuffix	Möglichkeitsnachsilbe	yeterlik eki / eylemi
Postposition	Verhältniswort (nachgestellt)	ilgeç
Prädikat	Satzaussage	yüklem
Präsens	Gegenwart	şimdiki zaman
-r-Präsens	Gegenwart auf -r	geniş zaman
-yor-Präsens	Gegenwart auf -yor	şimdiki zaman
Präteritum	Vergangenheit	geçmiş zaman
	Vergangenheit auf -di	-di'li geçmiş zaman
	Vergangenheit auf -miş	-miş'li geçmiş zaman
Pronomen	Fürwort	adıl / zamir
pronominales n	Fürwörter betreffendes n	adıl n'si
Singular	Einzahl	tekil
Subjekt	Satzgegenstand	özne
Substantiv	Hauptwort	ad / isim
Suffix	Nachsilbe (~ Anhängsel)	ek
Superlativ	Höchstform	üstünlük derecesi
Temporaladverb	Umstandswort der Zeit	zaman belirteci
Verb	Zeitwort	eylem / fiil
Vokal	Selbstlaut	ünlü

DAS -YOR-PRÄSENS

Das *-yor*-Präsens
Şimdiki zaman

Vokalisch auslautende Verbalstämme   *Konsonantisch auslautende Verbalstämme*

	bejaht	verneint			bejaht	verneint
eri-	eriyor	erimiyor	sev-		seviyor	sevmiyor
üşü-	üşüyor	üşümüyor	bil-		biliyor	bilmiyor
tanı-	tanıyor	tanımıyor	gör-		görüyor	görmüyor
oku-	okuyor	okumuyor	gül-		gülüyor	gülmüyor
			al-		alıyor	almıyor
			kız-		kızıyor	kızmıyor
bekle-	bekliyor	beklemiyor	sor-		soruyor	sormuyor
iste-	istiyor	istemiyor	um-		umuyor	ummuyor
söyle-	söylüyor	söylemiyor				
üfle-	üflüyor	üflemiyor				
anla-	anlıyor	anlamıyor				
yıka-	yıkıyor	yıkamıyor				
oyna-	oynuyor	oynamıyor				
uğra-	uğruyor	uğramıyor				

Merke: *Merke:*

de-	diyor	demiyor	et-		ediyor	etmiyor
ye-	yiyor	yemiyor	git-		gidiyor	gitmiyor

Konjugationsmuster

bejaht	fragend	verneint	fragend-verneint
seviyorum	seviyor muyum?	sevmiyorum	sevmiyor muyum?
seviyorsun	seviyor musun?	sevmiyorsun	sevmiyor musun?
seviyor	seviyor mu?	sevmiyor	sevmiyor mu?
seviyoruz	seviyor muyuz?	sevmiyoruz	sevmiyor muyuz?
seviyorsunuz	seviyor musunuz?	sevmiyorsunuz	sevmiyor musunuz?
seviyorlar	seviyorlar mı?	sevmiyorlar	sevmiyorlar mı?

SCHLÜSSEL

LEKTION 1

2
1. çan – 2. cam – 3. cin – 4. çim – 5. açı – 6. gece – 7. hac – 8. saç

3

1.
- ◆ İyi günler. Adım Gudrun Horn.
- ○ Memnun oldum. Ben Atilla Albayrak.
- ◆ Ben de memnun oldum.

2.
- ◆ İyi akşamlar. Benim adım Ali. Sizin adınız ne?
- ○ Ayşe.
- ◆ Memnun oldum, Ayşe Hanım.
- ○ Ben de, Ali Bey.

3.
- ◆ Merhaba. Adım Suzan, soyadım Berksoy. Senin adın ne?
- ○ Benim adım Güngör, soyadım Çelik.

4
1. c – 2. a – 3. c – 4. b

5
1. c – 2. b – 3. b – 4. a

6
1. Adın ne? / Adınız ne? – 2. O kim? – 3. Soyadın ne? / Soyadınız ne? – 4. O kim?

7
1. Tanıştırayım: Ayşe. – 2. Merhaba. – 3. Hoşça kalın. – 4. Buyurun.

8
- ■ Merhaba Ayşe.
- ○ İyi günler Tarık. O kim?
- ■ Uwe Bey. …
- ■ Uwe Bey!
- ❏ Efendim?
- ■ Bir dakika lütfen.
- ❏ Buyurun.
- ■ Tanıştırayım: Ayşe, Uwe Bey.
- ○ Memnun oldum, Uwe Bey.
- ❏ Ben de, Ayşe Hanım.

9
1. c – 2. ç – 3. d – 4. a – 5. b

10
1. Günaydın. – 2. Hoşça kalın. – 3. Ben … – 4. Tanıştırayım. – 5. Teşekkür ederim. – 6. Bilmiyorum. – 7. Adınız ne? – 8. Affedersiniz. – 9. Memnun oldum.

11
1. adım – 2. lütfen – 3. Anlamadım – 4. Bilmiyorum – 5. efendim – 6. kim – 7. o – 8. adınız – 9. yine

12
Text der Hörverständnisübung:
- ◆ İyi akşamlar.
- ○ İyi akşamlar. Adınız?
- ◆ Pınar.
- ○ Soyadınız?
- ◆ Çiçek.
- ○ Sizin adınız ne?
- ❏ Erol.
- ○ Soyadınız?
- ❏ Ceylan.
- ○ Anlamadım. Lütfen harf harf söyleyin.
- ❏ Ce – e – ye – le – a – ne. Erol Ceylan.
- ○ Teşekkür ederim.
- ❏ Bir şey değil.

SCHLÜSSEL

1. Person
Adı Pınar.   Soyadı Çiçek.
2. Person
Adı Erol.   Soyadı Ceylan.

LEKTION 2

1
1. al – 2. bel – 3. kal – 4. dal – 5. sel – 6. hala – 7. leke

3
1. b – 2. c – 3. ç – 4. d – 5. a

4
1. Eşiniz nasıl? – 2. Sağ olun, iyiyim. – 3. Nasılsın? – 4. Şöyle böyle.

5
1. c – 2. a – 3. c – 4. a

6
1. c – 2. c – 3. b – 4. a

7
■ Merhaba Yusuf.
❏ İyi günler Gül. Nasılsın?
■ Biraz yorgunum.
  …
■ Yusuf?
❏ Efendim?
■ O kim?
❏ Ben de bilmiyorum.
  …
■ Affedersiniz, sizin adınız ne?
● Markus.
■ Memnun oldum, Markus Bey. Ben Gül.
● Ben de memnun oldum, Gül Hanım.

8
1. Nasılsın? – 2. Ayşe nasıl? – 3. Eşiniz nasıl? – 4. Nasılsınız?

9
1. Nasılsınız? – 2. Nasılsın? – 3. Geçmiş olsun. – 4. Teşekkür ederim, iyiyim. – 5. Eşiniz nasıl? – 6. Annen nasıl? – 7. Affedersin. – 8. Bir şey değil.

10
1. Nasılsınız – 2. bilgisayar – 3. eşiniz – 4. Nasılsın – 5. iyi – 6. hasta – 7. İyiyim – 8. nasıl – 9. hayır – 10. Yorgunum – 11. Kötüyüz

11
1. c – 2. e – 3. ç – 4. b – 5. g – 6. f – 7. a – 8. d

12
1.
■ İyi günler, Uwe Bey.
❏ İyi günler, Ayşe Hanım. Nasılsınız?
■ Sağ olun, yorgunum. Siz nasılsınız?
❏ Teşekkür ederim. Ben de yorgunum.
2.
■ Merhaba, Ali. Nasılsın?
❏ Teşekkür ederim, fena değilim. Sen nasılsın?
■ Şöyle böyle.
❏ Baban nasıl?
■ Babam hasta.
❏ Geçmiş olsun.
■ Sağ ol.
3.
■ İyi günler, Fatma.
❏ Merhaba, Pınar. Nasılsın?
■ Biraz hastayım.
❏ Geçmiş olsun.

153

SCHLÜSSEL

■ Teşekkür ederim.
...
■ O kim?
❏ Ben de bilmiyorum.
4.
■ Uwe Bey!
❏ Efendim?
■ "Nasılsınız?" Almanca ne demek?
❏ Ne? Bilmiyor musunuz?
■ Hayır, bilmiyorum.
❏ Çok ayıp! "Wie geht es Ihnen?" demek.

13
Text der Hörverständnisübung:

Suzan:	Merhaba Ali.
Ali:	İyi günler Suzan. Nasılsın?
Suzan:	Fena değilim. Sen nasılsın?
Ali:	Ben biraz hastayım.
Suzan:	Ne? Anlamadım.
Ali:	Ben biraz hastayım.
Suzan:	Haa!... Geçmiş olsun.
Ali:	Sağ ol.
...	
Suzan:	O kim?
Ali:	Ben de bilmiyorum.
...	
Ali:	Affedersiniz, sizin adınız ne?
Kerstin:	Kerstin Aygün.
Ali:	Memnun oldum, Kerstin Hanım. Benim adım Ali.
Kerstin:	Ben de memnun oldum, Ali Bey.
Ali:	Nasılsınız?
Kerstin:	Sağ olun, yorgunum.
Ali:	Tanıştırayım: Suzan.
Kerstin:	Memnun oldum, Suzan Hanım.
Suzan:	Ben de.

1. c – 2. b – 3. a

LEKTION 3

1
1. sor – 2. zar – 3. az – 4. bas – 5. bos – 6. kız – 7. siz – 8. zeki

4
1. f – 2. e – 3. a – 4. g – 5. ı – 6. h – 7. d – 8. b – 9. ç – 10. c

5
1. Urs İsviçreli mi?
2. Mario İtalyan mı?
3. Ivan Rus mu?
4. Simone Japon mu?
5. Yusuf Türk mü?
6. Adınız Timur değil mi?
7. Efendim? Pınar mı?

6
1. b – 2. c – 3. c – 4. b

7
1. c – 2. b – 3. ç – 4. ç

8
1. Ali Bey nereli?
2. Nerelisiniz?
3. Nerelisiniz?
4. Bu kim?
5. Nereli?
6. Nerelisiniz?
7. Nereli?
8. Bu kim?

9
1. hayır – 2. değilim – 3. kim – 4. Nasılsınız – 5. İzmirliyim – 6. İsviçreli – 7. Nerelisiniz – 8. sen – 9. Kölnlü – 10. ne

SCHLÜSSEL

10
- İyi akşamlar. Adım Paul.
- Merhaba. Benim adım Heidi.
- Memnun oldum.
- Ben de memnun oldum. Alman mısınız?
- Evet, Almanım. Ya siz?
- Ben İsviçreliyim. Kölnlü müsünüz?
- Hayır, Kölnlü değilim. Stuttgartlıyım.

11
Text der Hörverständnisübung:

- İyi günler. Adım Ali, İstanbulluyum.
- Memnun oldum. Benim adım Sümbül.
- Nerelisiniz, Sümbül Hanım?
- Ürgüplüyüm.
- Efendim?
- Ürgüplüyüm.
- Haa… Ben İzmirliyim. Adım Sevim.
- Memnun oldum.
- Ben de.

1. b. – 2. c – 3. a

LEKTION 4

1
1. 17 – 2. 32 – 3. 83 – 4. 24 – 5. 45 – 6. 63 – 7. 57 – 8. 78 – 9. 91

3
1. Bir + beş = altı
2. Dört + üç = yedi
3. Dokuz + yedi = on altı
4. 12 – 8 = dört
5. 9 – 6 = üç
6. 19 – 7 = on iki
7. 18 : 6 = üç
8. 21 : 3 = yedi
9. 36 : 4 = dokuz
10. 4 x 4 = on altı
11. 5 x 22 = yüz on
12. 17 x 3 = elli bir
13. Sekiz + üç = on bir
14. Dört + beş = dokuz
15. On iki + üç = on beş

4
1. a – 2. b – 3. c – 4. c – 5. b – 6. c

5
1. ç – 2. e – 3. g – 4. f – 5. a – 6. b – 7. c – 8. d

6
1. İki çanta var. 2. Sekiz anahtar var.
3. Dört sandviç var. 4. Beş resim var.
5. Üç bisiklet var. 6. Yedi şort var.
7. Altı ceket var.

7
1. Kaç çanta?
2. Telefonunuz var mı?
3. Numarası kaç?
4. Bu kim?
5. Nerelisiniz?
6. Adresiniz?
7. Bu Uwe mi?

8
1. beş – 2. ne – 3. iş – 4. yedi – 5. seksen – 6. Haklısınız – 7. adresiniz – 8. iki – 9. kaç – 10. kim – 11. su – 12. üç – 13. elli – 14. ekmek

SCHLÜSSEL

9
- Affedersiniz, numaranız yedi mi?
- Hayır, sekiz.
- Burası benim yerim.
- Haklısınız, buyurun.
- Adım Elif, İstanbulluyum.
- Memnun oldum. Benim adım Sevim. Ben İzmirliyim.
- Ben de memnun oldum.

10
Text der Hörverständnisübung:

Otelci: Buyurun efendim, hoş geldiniz.
Gönül &
Güngör &
Pınar &
Yusuf: Hoş bulduk.
Otelci: Adınız?
Gönül: Gönül Erkmen.
Otelci: Memnun oldum, Gönül Hanım. Oda numaranız 208.
Gönül: Teşekkürler.
Otelci: Güngör Çelik kim?
Güngör: Benim.
Otelci: Güngör Bey, oda numaranız 713.
Güngör: Sağ olun.
Pınar: Benim adım Pınar Çiçek.
Otelci: Pınar Hanım, oda numaranız 427, buyurun anahtarınız.
Pınar: Teşekkür ederim.
Otelci: Yusuf Bey, oda numaranız 309.
Yusuf: Çok teşekkür ederim, iyi geceler.
Otelci: İyi geceler.

1. b – 2. c – 3. a – 4. b

LEKTION 5

1
1. doğ – 2. bol – 3. bal – 4. ağa – 5. eğe

5
1.
- Ayşe nerede, biliyor musunuz?
- Kim? Ayşe mi?
- Evet, Ayşe.
- Ayşe İstanbul'da.

2.
- Nerede oturuyorsun?
- Berlin'de, Lacknerstraße'de.
- Kaç numarada?
- 4 numarada.

3.
- Nerelisiniz?
- Ankaralıyım, şimdi Frankfurt'ta oturuyorum. Ya siz nerede oturuyorsunuz?
- Ben Münih'te oturuyorum.

4.
- Nerede çalışıyorsun?
- Bir büroda çalışıyorum.
- Sekreter misin?
- Evet.

6
1. c – 2. c – 3. a – 4. a

7
1. f – 2. e – 3. g – 4. h – 5. d – 6. b – 7. c – 8. a – 9. ç

SCHLÜSSEL

8

	iyi	Bonnlu
Ben	iyiyim	Bonnluyum
Sen	iyisin	Bonnlusun
O	iyi	Bonnlu
Biz	iyiyiz	Bonnluyuz
Siz	iyisiniz	Bonnlusunuz
Onlar	iyi(ler)	Bonnlu(lar)

	çalışmak
Ben	çalışıyorum
Sen	çalışıyorsun
O	çalışıyor
Biz	çalışıyoruz
Siz	çalışıyorsunuz
Onlar	çalışıyor(lar)

9
1. Nerede oturuyorsun? – 2. Ne içiyorsunuz? – 3. Eşiniz nereli? – 4. Bir fabrikada çalışıyorum.

10
1. Nerede oturuyorsunuz?
2. Nasılsın?
3. Ne yapıyorsun?
4. Deniz nerede çalışıyor?
5. Hangi apartmanda?
6. Kaç numarada oturuyorsunuz?

11
1. Öğreniyoruz – 2. işte – 3. nerede – 4. cadde – 5. evde – 6. Bilmiyorum – 7. bende – 8. Geliyor – 9. İçiyor – 10. garson – 11. okul – 12. yok – 13. Oturuyor – 14. büroda

12
1.
Adım Ayşe, soyadım Bach. 29 yaşındayım. İstanbulluyum, şimdi Bochum'da oturuyorum. Evliyim. Eşim Alman. Bir kızım var. Ben bankacıyım, bir bankada çalışıyorum.
2.
Adım Uta, soyadım Roll. 34 yaşındayım. Bekârım. Arabam var. Sekreterim, bir firmada çalışıyorum. Türkçe öğreniyorum. Bonn'da, Gernotstraße 2A'da oturuyorum.
3.
Ben Ali Akdağ, 51 yaşındayım. Evliyim, üç çocuğum var. Bir lokantada garsonum. Telefonum: 357 92 84. Köln'de oturuyorum.

13
Text der Hörverständnisübung:

Dilek: Benim adım Dilek, Ürgüplüyüm. Şimdi Berlin'de bir bankada çalışıyorum.

Güngör: Ben Güngör. Köln'de oturuyorum. Bir hastanede çalışıyorum. 27 yaşındayım, evliyim.

Yıldız: Benim adım Yıldız, soyadım Otter. Eşim Alman, Bochum'da oturuyoruz. Öğretmenim.

Cengiz: Ben mi kimim? Adım Cengiz, Adanalıyım. Bochum'da oturuyorum. Bir lokantada garsonum. Almanca bilmiyorum, ama öğreniyorum. 32 yaşındayım, bekârım.

1. c – 2. a – 3. b – 4. c

SCHLÜSSEL

LEKTION 6

1
1. tuzcu – 2. gölcü – 3. yıkıcı – 4. ötücü – 5. müzeci

4
1. c – 2. b – 3. a – 4. a

5
1. a – 2. b – 3. c – 4. b – 5. a

6
1. f – 2. e – 3. g – 4. h – 5. d – 6. c – 7. b – 8. a – 9. ç

7
1. bisiklet, bisikletçi – 2. kahve, kahveci – 3. lokanta, lokantacı – 4. banka, bankacı – 5. anahtar, anahtarcı – 6. sandviç, sandviççi – 7. bilgisayar, bilgisayarcı – 8. çanta, çantacı

8
1.
■ Mesleğiniz ne?
❏ Bankacıyım. Siz ne iş yapıyorsunuz?
■ Ben garson olarak çalışıyorum.
2.
■ Nerede çalışıyorsun?
❏ Bir büroda.
■ Sekreter misin?
❏ Evet, sekreterlik yapıyorum.
■ İşin kolay mı?
❏ Hayır, çok yorucu.
3.
■ İşiniz kolay mı?
❏ Çok zor.
■ Haftada kaç saat çalışıyorsunuz?
❏ Kırk.
■ Oo!...

9
1. Ali Bey pansiyonculuk yapıyor.
2. Sen ne iş yapıyorsun?
3. Siz gazeteci misiniz?
4. Siz nerede çalışıyorsunuz?
5. Ben bir hastanede doktorum.
6. Siz mektup yazıyor musunuz?
7. Sen çamaşır yıkamıyor musun?

10
1. Mesleğiniz ne?
2. Fatma nerede çalışıyor?
3. Kız arkadaşın ne iş yapıyor?
4. Ali ne iş yapıyor?
5. Gözlükçü müsün?
6. Kaç saat çalışıyorsunuz?

11
1. gözlükçü – 2. gazeteci – 3. kolay – 4. araba – 5. çanta – 6. ekmeği –7. Çalışıyor – 8. dönerci – 9. dişçi – 10. eş – 11. hemşire – 12. o – 13. işçi

12
1. Ne iş yapıyorsun?
2. Haftada kaç saat çalışıyorsunuz?
3. İşsiz misiniz?
4. Bir firmada şoförlük yapıyorum.
5. Ne tesadüf, ben de tenis oynuyorum.
6. Hayır, profesör değilim.
7. Hafta sonu tenis oynuyoruz.

13
◆ İyi yolculuklar.
○ İyi yolculuklar.
◆ Viyanalı mısınız?
○ Hayır, Antalyalıyım, ama şimdi Viyana'da oturuyorum.
◆ Ne iş yapıyorsunuz?
○ Bir firmada şoförüm. Sizin mesleğiniz ne?

SCHLÜSSEL

◆ Ben dönercilik yapıyorum. İşim çok yorucu.
○ Benim işim de öyle. Haftada kaç saat çalışıyorsunuz?
◆ Kırk saat. Ya siz?
○ Ben yarım gün firmadayım. Hafta sonu da bir kahvede çaycı olarak çalışıyorum.

14
Text der Hörverständnisübung:

Dilek: Benim adım Dilek, Ürgüplüyüm. Şimdi Berlin'de çalışıyorum, bankacıyım, evliyim.
Okan: Ben Okan, Kölnlüyüm. Bir firmada şoför olarak çalışıyorum. 27 yaşındayım, bekârım.
Yıldız: Benim adım Yıldız, soyadım Otter. Eşim Alman, Bochum'da oturuyoruz. Öğretmenim. Bir kızımız var.
Çetin: Ben mi kimim? Adım Çetin, Adanalıyım. Winterthur'da oturuyorum. Bir fabrikada işçilik yapıyorum. Almanca bilmiyorum, ama öğreniyorum. 32 yaşındayım, bekârım.

1. c – 2. b – 3. a – 4. c

LEKTION 7

1
1. avukata – 2. Frankfurt'ta – 3. arkadaşa – 4. evden – 5. Stuttgart'ta – 6. kurstan – 7. maçtan – 8. müzede

5
1. etkinlikler – 2. arkadaşlar – 3. müzeler – 4. şoförler – 5. öğrenciler – 6. kitaplar – 7. gözlükçüler – 8. bankacılar

6
1. a – 2. c – 3. c – 4. c – 5. b – 6. c

7
1. c – 2. e – 3. ç – 4. a – 5. g – 6. d – 7. b – 8. f

8
1. Nereye gidiyorsun?
2. Kimden geliyorsunuz?
3. Nereye gidiyor?
4. Nereden geliyor?
5. Ali nerede?
6. Ne istiyorsun?
7. Kart kimden?

9
1.
■ Merhaba.
❏ İyi günler.
■ Bu akşam ne yapıyorsun?
❏ Televizyon izliyorum. Ya sen?
■ Ben konsere gidiyorum.
2.
■ Boş zamanınızda ne yapıyorsunuz?
❏ Tenis oynuyorum. Ya siz?
■ Yüzüyorum, müzeye gidiyorum.
3.
■ Merhaba, Ali! Nereye gidiyorsun?
❏ Eve gidiyorum. Ya sen?
■ Ben lokantaya. Hafta sonu ne yapıyorsunuz?
❏ Münih'e gidiyoruz. Ya siz?
■ Biz evdeyiz.
4.
■ Müjde! Türkiye'den kart var.
❏ Kimden?
■ Heidi'den.
❏ Heidi Türkiye'de mi?
■ Evet, Marmaris'te.
❏ Ne güzel! Ben de bu hafta sonu Antalya'ya gidiyorum.

SCHLÜSSEL

10
1. Yüzüyor. – 2. Lokantadan geliyor. – 3. Kart yazıyor. – 4. Kahve içiyor. – 5. Sinemadan geliyorlar. – 6. Yemek pişiriyor. – 7. Jimnastik yapıyor. – 8. Tiyatroya gidiyor.

11
1. kimden – 2. çanta – 3. evden – 4. nereden – 5. sinemadan – 6. hafta – 7. konsere – 8. nereye – 9. işten – 10. kime – 11. eve

12
1. Biz Türkçe öğreniyoruz.
2. Sen boş zamanında ne yapıyorsun?
3. Barbara kurstan geliyor.
4. Kart kimden?
5. Ben arkadaşıma kart yazıyorum.
6. Siz tiyatrodan mı geliyorsunuz?
7. Müjde! Markus'tan kart var.

13
Text der Hörverständnisübung:

Bülent: Merhaba Nilgün, merhaba Ogün!
Nilgün: İyi günler Bülent.
Ogün: Merhaba. Nasılsın?
Bülent: Teşekkür ederim, iyiyim. Sen nasılsın?
Ogün: Ben de iyiyim. Bu akşam ne yapıyorsun, Bülent?
Bülent: Evdeyim.
Ogün: Ya sen, Nilgün? Sen bu akşam ne yapıyorsun?
Nilgün: Ben mi? Benim kursum var, kursa gidiyorum.
Ogün: Öyleyse, ben de tiyatroya yalnız gidiyorum.

1. b – 2. c – 3. b

LEKTION 8

1
1. çilli – 2. gözlü – 3. kullu – 4. saçlı – 5. süslü

5
Eigenschaft
komik, iyimser, romantik, realist, sempatik, utangaç, kötümser, düzenli

Aussehen
kara gözlü, bıyıklı, sarışın, sakallı, saçsız, düzensiz, yakışıklı, esmer

6
positiv
iyimser, romantik, realist, sempatik, yakışıklı, düzenli

negativ
utangaç, kötümser, saçsız, düzensiz

neutral
komik, bıyıklı, sarışın, kara gözlü, sakallı, esmer

7
1. iyimser – 2. sarışın – 3. şişman

8
1.
■ Uta'nın babası Türk mü?
❑ Evet, Türk. Ya annesi?
■ Annesi mi? Alman.
2.
■ Bu akşam ne yapıyorsunuz?
❑ Biz sinemaya gidiyoruz. Ya sen ne yapıyorsun?
■ Ben evdeyim.
3.
■ Affedersiniz, postane nerede?
❑ Ben de bilmiyorum.

SCHLÜSSEL

4.
- Nereden geliyorsunuz?
- Biz lokantadan geliyoruz. Ya sen?
- Sinemadan.

9
1 e – 2 ç – 3 a – 4 d – 5 b – 6 f – 7 c

10
1. düzenli, düzensiz – 2. gözlüklü, gözlüksüz – 3. arabalı, arabasız – 4. bisikletli, bisikletsiz – 5. şortlu, şortsuz – 6. çantalı, çantasız

11
1. Kimden geliyorsun?
2. Uzun saçlı hanım kim?
3. Kime telefon ediyorsun?
4. Bu kimin telefon numarası?
5. Kart kimden? Ali'den mi?
6. Kimin televizyonu yok?
7. Timur kime mektup yazıyor?

12
1. Yıldız kısa boylu, çekingen. – 2. Peter bıyıklı, dazlak, komik. – 3. Şenay kısa saçlı, kara gözlü, orta boylu. – 4. Barış atletik, uzun boylu, bisikletli. – 5. Markus şişman, esmer, radyolu. – 6. Gül uzun saçlı, çantalı, uzun boylu.

13
1. Gül'ün uzun saçları var.
2. Barış'ın bisikleti var.
3. Yıldız'ın, Şenay'ın, Barış'ın, Gül'ün bıyığı yok.
4. Markus'un radyosu var.
5. Gül'ün çantası var.
6. Yıldız'ın gözlüğü var.

14
1. Ben dedemden geliyorum.
2. Bu gözlük senin mi?
3. Ali Yusuf'un arkadaşı.
4. Kaç çocuğunuz var?
5. Benim dayım her şeye gülüyor.
6. Yeni garsonun adı ne?
7. Niçin mektup yazmıyorsunuz?
8. Bana niçin telefon etmiyorsun?

15
1. kimin – 2. sakallı – 3. güzel – 4. kara – 5. çok – 6. bu – 7. görünüş – 8. abla – 9. gözlüklü – 10. esmer – 11. ciddi – 12. düzensiz – 13. uzun – 14. kısa – 15. eş – 16. aile – 17. göz

16
Text der Hörverständnisübung:

Gül: Ali, Lars nerede çalışıyor, biliyor musun?
Ali: Hangi Lars? Uzun saçlı Lars mı, kısa saçlı Lars mı?
Gül: Uzun saçlı Lars.
Ali: Bankada.
Gül: Ya gözlüklü Necdet?
Ali: İki gözlüklü Necdet var. Hangisi?
Gül: Gözlüklü, yakışıklı Necdet.
Ali: Üniversitede çalışıyor.
Gül: Peki, Necdet'in ablası nerede çalışıyor?
Ali: Hangi ablası?
Gül: Orta boylu ablası.
Ali: O mu? O, büroda çalışıyor. Gül!
Gül: Efendim?
Ali: Niçin soruyorsun?
Gül: Şey… Ben de bilmiyorum.

1 b – 2 c – 3 b

SCHLÜSSEL

LEKTION 9

1
1. bağır – 2. – çayır – 3. – ağır – 4. doğur – 5. eğer – 6. öyle – 7. çiğ

2
1. pop konseri – 2. ev hanımı – 3. telefon numarası – 4. Fulda Halk Yüksek Okulu – 5. hafta sonu – 6. Türk müziği – 7. Atatürk Caddesi

3
1. b – 2. a – 3. b – 4. c

4
1. c – 2. a – 3. b – 4. c

5
1. çünkü – 2. fakat – 3. çünkü – 4. gene de

6
1. Kimden – 2. Nereli – 3. niçin – 4. kimin – 5. Kime – 6. kimin – 7. kaç

7
1.
■ Bu akşam ne yapıyorsun?
❏ Misafirliğe gidiyorum. Ya sen?
■ Ben Almanca kursuna gidiyorum.
2.
■ Nerede oturuyorsunuz?
❏ Kennedy Caddesi'nde.
■ Kaç numarada?
❏ 45b'de. Ya siz?
■ Biz Atatürk Bulvarı'nda oturuyoruz, 134 numarada.
❏ Telefonunuz var mı?
■ Evet, numarası 698 27 54.
❏ Teşekkürler.
■ Bir şey değil.
3.
■ Markus nerede çalışıyor?
❏ Bir Türk seyahat acentesinde.
■ Markus Türkçe biliyor mu?
❏ Hayır, ama öğreniyor.
4.
■ İşinden memnun musun?
❏ Hayır, memnun değilim.
■ Niçin?
❏ Çünkü enteresan değil.

8
1. çok – 2. saç – 3. kara – 4. çalışmak – 5. annesinden – 6. bürosunda – 7. sarışın – 8. hastane – 9. merkez – 10. kime – 11. kimin – 12. kişi – 13. iş – 14. niçin

9
1. Aile çay bahçesine gidiyorum, çay içiyorum.
2. Türkçe kursuna gidiyorum, Türkçe öğreniyorum.
3. Turizm bürosuna gidiyorum, bir şey soruyorum.
4. Adana Kebap Lokantası'na gidiyorum, kebap yiyorum.
5. Pop konserine gidiyorum, müzik dinliyorum.
6. Ankara Gözlükçüsü'ne gidiyorum, gözlük alıyorum.

SCHLÜSSEL

10

1. Türk lokantasında çalışıyorum.
2. Gül'ün telefon numarası kaç?
3. Kreuzberg Halk Yüksek Okulu'nda Türkçe öğreniyorum.
4. Sende Uta'nın telefon numarası var mı?
5. İşyerinden niçin memnun değilsin?
6. Gelmiyoruz. Çünkü zamanımız yok.
7. Yeni meslektaşım çok düzensiz.

11

Text der Hörverständnisübung:

Emine: Merhaba Teoman, nereden geliyorsun?
Teoman: Merhabalar, yeni işyerimden.
Feride: Şimdi nerede çalışıyorsun?
Teoman: İş Bankası'nda.
Jens: İşinden memnun musun?
Teoman: İşimden memnunum, çünkü meslektaşlarım candan.
Emine: Ne güzel!
Teoman: Fakat…
Feride: Evet?
Teoman: Fakat işim çok.
Emine: Kimin işi az?
Teoman: Haklısın.

1. b – 2. a – 3. a

LEKTION 10

1

1. unda – 2. tuzunu – 3. onu – 4. solu – 5. kulunu – 6. sulaktan

3

1. Saat iki. – 2. Saat yarım. – 3. Saat dörde yirmi beş var. – 4. Saat dördü çeyrek geçiyor. – 5. Saat yediye on var. – 6. Saat ikiye yirmi var. – 7. İkiyi beş geçiyor. – 8. Saat dokuz buçuk.

4

1. saat ikide – 2. saat yarımda – 3. saat dörde yirmi beş kala – 4. saat dördü çeyrek geçe – 5. saat yediye on kala – 6. saat ikiye yirmi kala – 7. ikiyi beş geçe – 8. saat dokuz buçukta

5

1. Beş buçukta. / Beş otuzda. – 2. Dördü çeyrek geçe. / On altı on beşte. – 3. İkiyi on geçe. / On dört onda. – 4. Yediye yirmi beş kala. / Altı otuz beşte. – 5. Yarımda. / On iki otuzda. – 6. Yediye yirmi kala. / On sekiz kırkta.

6

1. b – 2. c – 3. c – 4. a

7

1. Nereden geliyorsun?
2. Ders saat kaçta başlıyor?
3. Kimden geliyorsunuz?
4. Saat kaç?
5. Nerede oturuyorsuuz?
6. Kimi bekliyorsunuz?
7. Kime yazıyorsuuz?
8. Neyi?

8

1. Ali sinemaya mı gidiyor?
2. Barbara mı derse gelmiyor?
3. Orhan'ı bekliyor musun?
4. Güngör'ü mü ziyaret ediyorsunuz?
5. Evde değil misin?

SCHLÜSSEL

6. Yeni adresini mi bilmiyorsun?
7. Barbara'yı mı bekliyorsun?
8. Mektup mu yazıyorsunuz?

9

1.
- Kimi bekliyorsun?
- Markus'u bekliyorum.
- Kimi? Markus'u mu?
- Evet, onu.

2.
- Alo...
- Merhaba, Gül. Ben Deniz. Nasılsın?
- İyiyim.
- Bu akşam ne yapıyorsun? Zamanın var mı?
- Yok. İstanbul'dan halamı bekliyorum.
- Cumartesi günü nasıl?
- Boşum.
- Güzel. Saat beşe doğru bekliyorum.

3.
- Affedersiniz, Barbara burada mı?
- Hangi Barbara?
- Uzun saçlı Barbara.
- Yok. Saat üçü çeyrek geçe geliyor.

10

1. altıda – 2. zaman – 3. saat – 4. kaçta – 5. götürüyor – 6. salı – 7. çeyrek – 8. kimi – 9. seni – 10. kaç

11

1. Saat yarımda gidiyorum.
2. Ali'yi saat kaçta ziyaret ediyorsun?
3. İzmir treni saat kaçta kalkıyor?
4. Ayşe'yi çocuk yuvasına götürüyorum.
5. Cumartesi akşamı seni bekliyorum.
6. Kimi bekliyorsun?
7. Öğle yemeği saat kaçta?

12
Text der Hörverständnisübung:

"Sabah altı buçukta kalkıyorum. Kahvaltı saat yedide. Sekize çeyrek kala Serpil'i, komşu kızı Gülnur'u çocuk yuvasına götürüyorum. Saat on ikide TRT – İNT'ten haberleri izliyorum. Sonra alışveriş. Dörde doğru kızımı çocuk yuvasından alıyorum. Saat beş çayına komşular geliyor. Akşam yemeği yedi buçukta. Sekizde TRT – İNT'te yine haberler var. On bire doğru yatıyorum. İşte böyle! Her gün aynı şey... Ya siz? Siz neler yapıyorsunuz?"

1. b – 2. a – 3. c – 4. c

LEKTION 11

1
1. kirişle – 2. gözle – 3. gülle – 4. kıygıyla – 5. gırla – 6. kuşa

3
1. kayak – 2. dolmuş – 3. ile – 4. havaalanı – 5. oturmak

4
1. c – 2. a – 3. b – 4. c

5

1.
- Ne zaman tatile çıkıyorsun?
- İnşallah temmuzda. Ya sen?
- Ben eylülde çıkmak istiyorum.

2.
- Hafta sonu ne yapıyorsunuz?
- Hafta sonları biz sinemaya gidiyoruz, ama gelecek hafta sonu evde kalmak, televizyon izlemek istiyoruz. Ya siz?
- Biz şehir turu yapmak istiyoruz.

SCHLÜSSEL

3.
- Astrid ne iş yapıyor?
- Garson olarak çalışıyor.
- Astrid Türkçe biliyor mu?
- Hayır, ama öğrenmek istiyor.

4.
- Tatilde ne yapıyorsun?
- Tatil geldi mi, ver elini Antalya. Ya sen?
- Ben yine Türkiye'ye gidiyorum, ama Antalya'ya değil, Kaş'a.
- Hangi ayda?
- Mayısta.
- Kaç hafta kalmak istiyorsun?
- Üç hafta.

6
1. yayan – 2. uçakla – 3. taksiyle –
4. bisikletle – 5. otobüsle – 6. dolmuşla –
7. tramvayla – 8. arabayla – 9. metroyla

7
1. e – 2. a – 3. f – 4. b – 5. ç – 6. c – 7. d

8
1. Onlar kursa katılmak istiyor.
2. Sen yarın akşam ne yapmak istiyorsun?
3. Tom gelecek ay tatile çıkıyor.
4. Hafta sonu ne yapıyorsun?
5. Salı akşamı sinemaya gidiyor.
6. Siz sörf yapmak mı istiyorsunuz?
7. Ankara treni saat kaçta kalkıyor?

9
1. haziranda – 2. gezmek istiyor – 3. trenle gitmek istiyor – 4. sörf yapmak istiyorlar – 5. alışveriş yapmak istiyor – 6. tenis oynamak istiyor

10
1. Kimden geliyorsunuz?
2. Bu alışveriş çantası kimin?
3. Winterthur treni saat kaçta kalkıyor?
4. Kursa neyle geliyorsun?
5. Sinemaya kiminle gidiyorsun?
6. Ne istiyorsunuz? Anlamadım.
7. Tatile ne zaman çıkmak istiyorsun?

11
1. istemek – 2. yıl – 3. işten – 4. ay –
5. sonra – 6. tatil – 7. mart – 8. önce –
9. neyle – 10. yarın – 11. eylül – 12. ile –
13. üç – 14. havaalanı

12
1. Sabine'yle Oğuz cuma günü geliyor.
2. Suzan'la Barış ne yapmak istiyor?
3. Heiko'yla Sevim nerede?
4. Karin'le Anita Türkçe kursuna katılmak istiyor.
5. Saatle ceket almak istiyorum.
6. Işık'la Marion'u bekliyoruz.

13
1. Yarın akşam sinemaya gitmek istemiyor musun?
2. İşe metroyla gidiyorum.
3. Gelecek hafta sonu ne yapmak istiyorsunuz?
4. Timur pazar akşamı trenle mi geliyor?
5. Bu yıl tatile ne zaman çıkmak istiyorsun?
6. Gelecek cumartesi İnterlaken'de dağa çıkmak istiyorlar.
7. Kiminle oturuyorsun?

SCHLÜSSEL

14
Text der Hörverständnisübung:

1.
"Benim adım Günther. Bremenliyim. Bu yıl tatilde Türkiye'ye gitmek istiyorum. Türkiye'de nereye mi? Çeşme'ye, sörf yapmak istiyorum. Ya siz tatilde ne yapmak istiyorsunuz?"
2.
"Benim adım Gisela, soyadım Ceylan. Eşim Türk. Biz tatil geldi mi, ver elini Türkiye! Önce eşimin ailesini ziyaret ediyoruz, sonra Kaş'ta yelkenli sürüyoruz, iki hafta. Bu yıl da öyle. Siz tatilde ne yapmak istiyorsunuz?"
3.
"Ben mi? Ben öğrenciyim. Türkçe öğreniyorum. İstanbul'da arkadaşlarım var. Tatilde hem Türkçe kursuna katılmak, hem arkadaşlarımı ziyaret etmek istiyorum. Şey… Adım mı? Ulrike, Ulrike Weiß. Bernliyim. Sizin tatil programınız nasıl?"

1. a – 2. c – 3. b

LEKTION 12

1
1. geldi – 2. güttü – 3. sezdi – 4. kırdı – 5. kustu – 6. sındı

3
1. c – 2. b – 3. c – 4. c

4
1. e – 2. a – 3. f – 4. b – 5. c – 6. ç – 7. d

5
1.
■ Siz dün akşam nereye gittiniz?
❑ Biz sinemaya gittik. Ya siz, ne yaptınız?
■ Ben televizyon izledim, kitap okudum.
2.
■ Çay mı, kahve mi?
❑ Ben kahve içmek istiyorum.
■ Ursina'ya ne zaman telefon ettin?
❑ Biraz önce.
3.
■ Yıldız Hanım nerede?
❑ Kızı hasta. Kızını doktora götürdü.
■ Hangi doktora?
❑ Tabii, çocuk doktoruna.
■ Saat kaçta?
❑ Dokuza doğru. Siz kimsiniz?
■ Yıldız'ın arkadaşıyım. Aynı caddede oturuyoruz.

6
Ahmet: Merhaba, Barbara.
Barbara: İyi günler Ahmet. Nasılsın?
Ahmet: Sağ ol. Bugün çok iyi görünüyorsun.
Güngör: Bilmiyor musun? Barbara Antalya'dan iki gün önce geldi.
Ahmet: Sahi mi? Antalya'da ne yaptın?
Barbara: Tatil yaptım, Türkçe kursuna gittim.
Güngör: Ne güzel Türkçe konuşuyorsun!
Barbara: Teşekkür ederim.
Ahmet: Ya akşamları? Akşamları da mı Türkçe öğrendin?
Barbara: Tabii! Diskotekte, yemekte, kahvaltıda her zaman Türkçe konuştum.

SCHLÜSSEL

7
1. dün – 2. Okumadı – 3. üç – 4. Gelmedi – 5. dedemiz – 6. Gülmedik – 7. Yüzdün – 8. Güldü – 9. Gittik – 10. Yazdım. – 11. Okudu

8
1. Biz kursa geldik.
2. Sen dün ne yaptın?
3. Barbara geçen yıl garson olarak çalıştı.
4. Siz gelecek hafta sonu Türk lokantasına mı gitmek istiyorsunuz?
5. Biz dün akşam televizyon izlemedik, kitap okuduk.
6. Timur mektup yazdı, ama telefon etmedi.
7. Sen kursa ne zaman başlamak istiyorsun?

9
1. Dün ne yaptınız?
2. O kim?
3. Ne yaptınız?
4. Ali nereye gitti?
5. Ne zaman mektup yazdın?
6. Ayşe ne zaman geldi?
7. Ne yaptın?

10
1. Dün saat kaçta kalktın?
2. Dün tiyatroya gitmediniz mi?
3. Dün nereye gittin?
4. Ali geçen pazar akşamı mı geldi?
5. Arkadaşına ne zaman kart yazdın?
6. Viyana'ya ne zaman geldiler?
7. Bizi unuttun mu?

11
1. Dazlak adam fotoğraf çekti.
2. İnce uzun hanım yüzdü.
3. Gözlüklü hanım gazete okudu.
4. Uzun boylu anne kızını çocuk yuvasına götürdü.

12
Text der Hörverständnisübung:

Pervin: Merhaba arkadaşlar.
Uğur: İyi günler Pervin. Hafta sonu ne yaptın?
Pervin: Ders çalıştım.
Sezen: Anlamadım. Ders mi çalıştın? Hafta sonu?
Pervin: Evet, hiçbir yere gitmedim. Ders çalıştım. Ya sen Sezen? Sen ne yaptın?
Sezen: Ankara'dan arkadaşım geldi. Piknik yaptık.
Aydın: Arkadaşın ne iş yapıyor?
Sezen: Bir firmada şoför olarak çalışıyor. Ya sen, Uğur? Sen ne yaptın?
Uğur: Yemek pişirdim, futbol oynadım.
Aydın: Biliyorsunuz, ben Almanca öğreniyorum. Pazar günü Kerstin'i ziyaret ettim.

1. b – 2. c – 3. a – 4. b

SCHLÜSSEL

LEKTION 13

1
1. dadıydı – 2. atıydı – 3. kadıydı – 4. terimdi – 5. – közdü – 6. – bozdu

3

	kötümser	üzgün
ben	kötümserdim	üzgündüm
sen	kötümserdin	üzgündün
o	kötümserdi	üzgündü
biz	kötümserdik	üzgündük
siz	kötümserdiniz	üzgündünüz
onlar	kötümserdi / kötümserdiler	üzgündü / üzgündüler

	parasız	yorgun
ben	parasızdım	yorgunduk
sen	parasızdın	yorgundun
o	parasızdı	yorgundu
biz	parasızdık	yorgunduk
siz	parasızdınız	yorgundunuz
onlar	parasızdı / parasızdılar	yorgundu / yorgundular

4
1. c – 2. a – 3. c – 4. c

5
1. ç – 2. d – 3. a – 4. c – 5. b – 6. f – 7. g – 8. e

6
1.
■ Dün akşam neredeydin? Sana telefon ettim, evde yoktun.
❑ Sinemadaydım.
■ Film nasıldı?
❑ Çok güzeldi. Sen ne yaptın?
■ Ben evdeydim.

2.
■ Biz hafta sonu Münih'teydik. Siz neredeydiniz?
❑ Benim çok işim vardı, çalıştım.

3.
■ Sen tatilde neredeydin?
❑ Ben yine Antalya'daydım. Ya siz?
■ Biz mi? Biz tatilde İsviçre'de kayak yaptık.

7
1. Dün neredeydiniz?
2. Neredeydin?
3. Ne yaptın?
4. Film nasıldı?
5. Ne zamandı?
6. Kimdi?
7. Eskiden nasıldı?

8
1. Ben ocakta doğdum.
2. Sen dün burada mıydın?
3. Sevgi'nin iki yaşında kızı var.
4. Süreyya Bey öğretmendi. İki yıl önce emekli oldu.
5. Biz temmuzda Antalya'daydık.
6. Sen dün derste niçin yorgundun?
7. Hangi ayda tatile çıkıyorsunuz?

9
1. Film güzeldi.
2. Saat üçte parktaydık.
3. Diskotekte miydin?
4. Halk Yüksek Okulu'ndan mı geldiler?
5. Eskiden telefonum yoktu.
6. Tatilde ne mi yaptık?
7. Suzan pazar günü bizdeydi.

SCHLÜSSEL

10
1. Heidi sörf yaptı.
2. Uwe Türkçe kursuna katıldı.
3. Turgut kayak yaptı.
4. Sevgi'yle Songül kamp yaptılar.
5. Uta'yla Mehmet yelkenli sürdüler.

11
1. Neredeydiniz – 2. hafta – 3. neden –
4. geçen – 5. nereden – 6. Müdürdü –
7. Tatildeydik – 8. Yazdı – 9. salı –
10. eskiden – 11. şubat

12
1. Dün neden gelmedin?
2. Dün tiyatrodaydık.
3. Uwe tatilden dün döndü.
4. Dün akşam Burcu'daydık.
5. Tatile ne zaman çıkıyorsun?
6. Biz ağustosta Berlin'de değiliz.
7. Sen tatilde neredeydin?

13
Text der Hörverständnisübung:

Güler: Hoş geldin Hüseyin.
Hüseyin: Hoş bulduk Güler. Tanıştırayım: Kerstin, Güler.
Kerstin: Memnun oldum, Güler.
Güler: Ben de, Kerstin.
Hüseyin: Ne zaman geldin, Güler?
Güler: Zürih'ten mi?
Hüseyin: Evet.
Güler: Pazar günü saat üçte. Zürih çok güzel bir şehir. Arkadaşlarımı ziyaret ettim, gezdim. Ya sen? Çeşme'de neler yaptın?
Hüseyin: Ben Çeşme'de değildim, Marmaris'teydim. İyi bir tatil yaptım: Dinlendim, yüzdüm.
Güler: Ne güzel! Ya sen Kerstin? Tatilde sen neredeydin?
Kerstin: Ben mi? Şey… Türkiye'deydim.
Güler: Türkiye'de neredeydin?
Kerstin: İzmir'deydim. Bir ay Türkçe kursuna katıldım. Bir hafta da kamp yaptım.
Güler: Ne güzel!

1. b – 2. c – 3. a

LEKTION 14

1
1. içinde – 2. sağımda – 3. karşınızda –
4. altında – 5. önünde – 6. önümüzde

3
1. Kitap televizyonun üstünde.
2. Saat televizyonun yanında.
3. Televizyon bilgisayarın önünde.
4. Gazete çantanın içinde.
5. Kart televizyonun arkasında.
6. Mektup televizyonun altında.
7. Bilgisayar çantanın solunda.

4
1.
■ Affedersiniz, buralarda taksi durağı var mı?
❑ 200 metre karadar doğru yürüyün, sağda bir otel var. Taksi durağı otelin önünde.
■ Teşekkür ederim.
❑ Bir şey değil.
2.
■ Nerede oturuyorsun?
❑ Kreuzberg'de.
■ Kursa neyle geliyorsun?
❑ Otobüsle. Ya sen?
■ Ben metroyla geliyorum.

SCHLÜSSEL

3.
- Tatilde Türkiye'ye gidiyorum.
- Neyle?
- Tabii uçakla.
- Kaç hafta kalmak istiyorsun?
- Üç hafta.

5
1. Pasaportunu unutma!
2. Paranı unutma!
3. Gözlüğünü unutma!
4. Kitaplarını unutma!
5. Bize mektup yaz!
6. Bize kart yaz!
7. Bize telefon et!
8. Teyzene telefon et!
9. Dedeni ziyaret et!
10. Amcanı ziyaret et!

6
1. Güle güle öğren.
2. Güle güle gidin, güle güle gelin.
3. Güle güle oturun.
4. Güle güle gezin.
5. Güle güle izleyin.

7
1. e – 2. ç – 3. f – 4. a – 5. c – 6. b – 7. d

8
1. sapın – 2. neyle – 3. karşımızda – 4. postane – 5. gel – 6. arka – 7. kuzey – 8. yayan – 9. uzak – 10. bak – 11. yan – 12. ile

9
1. Seyahat acentesi postanenin arkasında mı?
2. Tatile neyle gidiyorsun?
3. Film saat kaçta başlıyor?
4. Parkın karşısında oturuyoruz.
5. Otobüs garajını geç, sonra sağa sap.
6. Dün akşam Ali'yle konsere gittik.
7. Tren saat kaçta kalkıyor?

10
1. Affedersiniz, buralarda eczane var mı?
2. Sizi anlamadım.
3. Müze buradan uzak mı?
4. Yardımınız için teşekkürler.
5. Ben şehrin güneyinde oturuyorum. Ya siz? Siz nerede oturuyorsunuz?
6. İşyerim şehir merkezinde.
7. İşe neyle gidiyorsunuz?

11
Text der Hörverständnisübung:

1. "Ben Baselliyim. Üç gün önce İstanbul'a geldim. Otelim şehir merkezinde postanenin karşısında."
2. "Ben Salzburgluyum. İki hafta önce Antalya'ya geldim. Otelim kentin batısında, büyük bir bahçe içinde."
3. "Ben İngilizim, burada Türkçe öğreniyorum. Bir ailenin yanında kalıyorum. Otobüs durağı eve aşağı yukarı üç yüz metre. Çok memnunum."
4. "Biz buraya geçen ay geldik. Bir pansiyonda kalıyoruz. Pansiyonumuz plaja çok yakın. Öbür gün Osnabrück'e dönüyoruz. Tatilimiz iyi geçti."

1. a – 2. c – 3. c – 4. b

SCHLÜSSEL

LEKTION 15

1
1. Ali – 2. âdet – 3. bala – 4. hâlâ – 5. hâk – 6. kârlı – 7. yâd

3
1. yemek listesi
2. akşam yemeği
3. bulgur pilavı
4. maden suyu
5. İtalyan lokantası
6. aile çay bahçesi
7. Türk sucuğu

4
1. a – 2. a – 3. b – 4. a – 5. b

5
1.
■ Bu akşam ne yapıyorsun?
❏ Hiç, evdeyim.
■ Çay bahçesine gidelim mi?
❏ Gidelim. Saat kaçta?
■ Yedi buçukta.
❏ Olur.

2.
■ Ben kahve içmek istiyorum.
❏ Ben de kahve içeyim.
◆ Ya siz?
○ Bana bir maden suyu lütfen.
◆ Tabii beyefendi.

3.
■ Buyurun, yemek listesi.
❏ Teşekkür ederiz.
◆ Bir dakika, bana lütfen bir bira.
❏ Ben orta şekerli kahve alayım.
■ Ya siz?
○ Ben maden suyu rica edeyim.

4.
◆ Yemekler nefis, elinize sağlık.
○ Afiyet olsun. Pilavdan biraz daha vereyim mi?
◆ Evet, ama lütfen çok az.

6
1. K – 2. E – 3. K – 4. E – 5. K

7
1. c – 2. d – 3. g – 4. a – 5. ç – 6. f – 7. e

8
1. Hiç boş zamanım yok.
2. Ben bira içmek istiyorum, ya sen?
3. Yok. Yaprak sarma vereyim mi?
4. Afiyet olsun.
5. Sağlığına.
6. Nefis!

9
1. hesap – 2. aç – 3. bira – 4. çorba – 5. Gideyim – 6. İçelim – 7. çayı – 8. iç – 9. öneri – 10. Al – 11. Yiyelim

10
1. Yarın aile çay bahçesinde buluşalım mı?
2. Salata rica edebilir miyim?
3. Yemek listesi masanın üstünde.
4. Salı akşamı lokantaya gidelim mi?
5. Yemekler nefis! Elinize sağlık.
6. Lokanta metro durağına yakın mı?
7. Şarap içelim mi?

11
Text der Hörverständnisübung:

Garson: Hoş geldiniz efendim.
Şerife &
Sebastian &

SCHLÜSSEL

Pervin &
Hüseyin: Hoş bulduk.
Garson: Hüseyin Bey ne içiyorsunuz?
Hüseyin: Ben bira içeyim.
Garson: Ya siz, Pervin Hanım?
Pervin: Bana lütfen bir sade kahve.
Garson: Ya siz?
Sebastian: Kim? Ben mi?
Garson: Evet, Sebastian Bey, siz. Siz ne istiyorsunuz?
Sebastian: Ben bir maden suyu rica edeyim.
Garson: Olur, beyefendi. Siz Şerife Hanım?
Şerife: Çay var mı?
Garson: Her şey var efendim.
Şerife: Öyleyse ben çay alayım.
Garson: Tabii efendim.

1. c – 2. c – 3. c – 4. a

LEKTION 16

1

1. kazar – 2. kısar – 3. kasmaz – 4. azar – 5. ezer – 6. isler

4

	pişirmek	beğenmek	bakmak
ben	pişiririm	beğenirim	bakarım
sen	pişirirsin	beğenirsin	bakarsın
o	pişirir	beğenir	bakar
biz	pişiririz	beğeniriz	bakarız
siz	pişirirsiniz	beğenirsiniz	bakarsınız
onlar	pişirir(ler)	beğenir(ler)	bakar(lar)

	sevmek	pişirmemek	sevmemek
ben	severim	pişirmem	sevmem
sen	seversin	pişirmezsin	sevmezsin
o	sever	pişirmez	sevmez
biz	severiz	pişirmeyiz	sevmeyiz
siz	seversiniz	pişirmezsiniz	sevmezsiniz
onlar	sever(ler)	pişirmez(ler)	sevmez(ler)

5

1. Bana bir çay verir misin?
2. Ne içersin?
3. Yemekten sonra buluşuruz.
4. Akşama sana telefon ederim.
5. Acaba neden mektup yazmaz?
6. Biz Ayşe'yle konuşmayız.
7. Bu saatte nereye gider?

6

1. G – 2. K –3. G – 4. K – 5. G – 6. G – 7. G

7

1. b – 2. f – 3. e – 4. d – 5. a – 6. c – 7. ç

8

1. tercih etmek – 2. yemek yemek – 3. içki içmek – 4. hoşuna gitmek – 5. kahve pişirmek – 6. fikri olmamak – 7. alışveriş yapmak

9

1. rakı – 2. öneri – 3. ciddi – 4. alışveriş – 5. esmer – 6. candan – 7. bıçak

10

1.
■ Cumartesi akşamı ne yapıyorsun?
❏ Hiç, evdeyim.
■ Bir Türk lokantasına gidelim mi?
❏ İyi fikir, gidelim.
■ Arabamla seni alayım mı?
❏ Çok iyi olur. Saat kaçta?
■ Sekize doğru.
❏ Tamam, hoşça kal.

SCHLÜSSEL

2.
- Bana bir kahve verir misiniz?
- Sütlü mü, şekerli mi?
- Lütfen sade olsun.
- Tabii efendim.

3.
- Saat sekiz. Ali daha gelmedi.
- Ali her zaman böyle yapar. Bir şeyler içelim mi?
- Maden suyu içerim.
- Ben sıcak bir şey alayım.

11
1. Maalesef kalmadı. İmambayıldı alır mısınız? – 2. Leyla da geliyor mu? – 3. Hayır, tatlı sevmem. – 4. Hesap ayrı ayrı mı?

12
1. lezzetli – 2. ızgara – 3. sevmek – 4. imambayıldı – 5. pişir – 6. alma – 7. bira – 8. arzu – 9. yağlı – 10. sağlıklı – 11. bal

13
1. Yemek listesini verir misiniz?
2. Bu akşam bana telefon eder misin?
3. Ne zaman gelirsiniz?
4. Hangi lokantayı tercih edersiniz?
5. Murat Bey saat üçte gelir.

14
Bir gün Nasrettin Hoca'yı bir düğün yemeğine davet ediyorlar. Hoca günlük giysileriyle gidiyor. Hocayla kimse ilgilenmiyor, "Hoş geldin, yemeğe buyur" demiyorlar. Hoca eve gidiyor, kürkünü giyiyor, düğüne geri geliyor. Bu ne itibar! Hoca'yı kapıda karşılıyorlar, hemen yemeğe buyur ediyorlar. Hoca oturuyor, kürkünün eteğini tutuyor ve "Ye kürküm ye, bu itibar bana değil, sana" diyor.

15
Text der Hörverständnisübung:

Garson: Arzunuz?
Zeki: Bir kırmızı şarap, lütfen.
Garson: Yemeklerden ne alırsınız?
Zeki: Karnıyarık, yanında bulgur pilavı.
Garson: Yüksel Hanım, ya siz? Siz ne istersiniz?
Yüksel: Mercimek çorbası, şiş kebabı.
Garson: Bir şey içer misiniz?
Yüksel: Yemekten sonra bir Türk kahvesi alırım.

1. b – 2. c

LEKTION 17

2
1. ayakkabı – 2. maydanoz – 3. sabun – 4. çay bahçesi – 5. alışveriş – 6. süt

3
1. b – 2. a – 3. c – 4. a – 5. c – 6. c

4
1.
- Nereye?
- Pazara gidiyorum.
- Bana tükenmezkalem almayı lütfen unutma.
- Olur, unutmam.

2. S – satıcı, A – alıcı
S: Buyurun, taze meyvelere buyurun.
A: Elmanın kilosu kaça?
S: 150 bin lira, efendim. Kaç kilo olsun?
A: Üç kilo verir misiniz?
S: Tabii efendim.

SCHLÜSSEL

3.
S: Buyurun, Bey amca. Hoş geldiniz.
A: Hoş bulduk. Bir tükenmezkalem lazım.
S: Sizin için mi?
A: Hayır, bir arkadaşım için.
S: Bu nasıl? 750 bin lira.
A: Fena değil, ama çok pahalı. Daha ucuzu yok mu?
S: Tabii var, efendim. Bu 525 bin lira.
A: Güzel, hem de daha ucuz. Bunu alayım.
S: Olur, güle güle kullansın.
A: Sağ olun. Hoşça kalın.
S: Güle güle, yine görüşürüz.
A: İnşallah yine gelirim.

5
daha / en
büyük / küçük / pahalı / ucuz / kalın / ince

1. *Cüzdan ucuz.* Çanta pahalı.
2. Pantolon gömlekten daha pahalı.
3. Bavul en pahalı.
4. Çanta bavuldan daha ince.
5. Çanta cüzdandan daha kalın.
6. Salatalık havuçtan daha büyük.
7. Çanta bavuldan daha küçük.

6
İçecekler
meyve suyu, kahve, çay, süt

Yiyecekler
ekmek, peynir, zeytin, sucuk, beyaz peynir, tereyağlı ekmek, tulum peyniri, reçel, yumurta

7
1. kaça – 2. lazım – 3. beğenmek – 4. alışverişten – 5. Alma – 6. pahalı – 7. pazar – 8. işe – 9. unut – 10. ucuz – 11. Unutma

8
1. Garson Bey, hesabı verir misiniz?
2. Rakı içmeyi sevmiyorum.
3. Bu akşam tiyatroya gidelim mi?
4. Gazete almayı lütfen unutma!
5. Bana yardım eder misiniz?
6. İki saat çalışmam lazım.
7. Yarın akşam sana uygun mu?

9
Text der Hörverständnisübung:

1.
Uta: Ahmet, nereye?
Ahmet: Hastaneye gidiyorum.
Uta: Nereye? Hastaneye mi?
Ahmet: Evet. Ablam hasta. Ablamı ziyaret etmem lazım.
Uta: Geçmiş olsun. Benden selam söyle.

2.
Alper: Elif, yarın buluşalım mı?
Elif: Yarın olmaz.
Alper: Cumartesi günü?
Elif: Cumartesi günü de olmaz. İstanbul'dan dedem geliyor. Dedemi karşılamam lazım.

3.
Ahmet: Oya, biz gezmeye gidiyoruz. Sen de gel.
Oya: Nereye? Gezmeye mi?
Ahmet: Evet.
Oya: Ne zaman?
Ahmet: Yarın öğleden sonra.
Oya: Zamanım yok. Ders çalışmam lazım.

1. c – 2. a – 3. b

LEKTION 18

3
1. d – 2. h – 3. f – 4. c – 5. e – 6. a – 7. g – 8. b – 9. ç

4

	UĞRAYABİLMEK	UĞRAYAMAMAK
ben	uğrayabilirim	uğrayamam
sen	uğrayabilirsin	uğrayamazsın
o	uğrayabilir	uğrayamaz
biz	uğrayabiliriz	uğrayamayız
siz	uğrayabilirsiniz	uğrayamazsınız
onlar	uğrayabilir(ler)	uğrayamaz(lar)

5
1. d – 2. ç – 3. f – 4. a – 5. e – 6. c – 7. b

6
1.
■ Andrea'nın davetiyesini aldın mı?
❑ Evet, aldım.
■ Ne hediye etmeyi düşünüyorsun?
❑ Bir fikrim yok. Ne hediye edeyim?
■ Ben ne bileyim?
❑ Andrea Türk yemeklerini seviyor mu?
■ Çok hoşuna gidiyor.
❑ Öyleyse bir sofra takımı hediye edebilirim.
■ İyi olur.
2.
■ Affedersiniz, size bir şey sorabilir miyim?
❑ Buyurun, sorun.
■ Ankara oteline nasıl gidebilirim?
❑ Dolmuşla mı, yayan mı gitmek isitiyorsunuz?
■ Dolmuşla.
❑ Dolmuşlar eczanenin önünden kalkıyor.
■ Sağ olun.
❑ Bir şey değil.

3.
■ Hafta sonu biz piknik yapıyoruz.
❑ Kim kim?
■ Rıdvan, Thomas, Birgitte …
❑ Ben de gelebilir miyim?
■ Buyur gel.
❑ Ne getireyim?
■ Yaprak sarma getirebilirsin.
❑ Seve seve.

7
1. Gelemezsin. – 2. Geldik. – 3. Kutlarım. – 4. hediye – 5. iyi – 6. Gelebilir. – 7. Alamaz. – 8. kolye – 9. nargile

8
1. Gezebilir. – 2. Türkçe kursuna katılabilir. – 3. Şehir turu yapabilir. – 4. Yüzebilir. – 5. Yelkenli sürebilir. – 6. Diskoteğe gidebilir. – 7. Kayak yapabilir. – 8. Sörf yapabilir.

9
1. Uwe, bana yardım edebilir misin?
2. Yusuf, bize uğrayabilir misin?
3. Ali Bey, bize telefon edebilir misiniz?
4. Gül, bize kart yazabilir misin?
5. Markus, yemek pişirebilir misin?
6. İki kilo elma verebilir misiniz?
7. Beni bekleyebilir misin?

10
1. Sigara içebilir miyim?
2. Telefon edebilir miyim?
3. Bir şey sorabilir miyim?
4. Yardım edebilir miyim?
5. Fotoğraf makinesine bakabilir miyim?
6. Martin'in adresini rica edebilir miyim?

SCHLÜSSEL

11
1. Ayşe'ye ne hediye edebiliriz?
2. Yarın bana telefon edebilir misin?
3. Saat üçte gelemem.
4. Bu akşam bize uğrayamaz mısın?
5. Mektup yazmayı unutma.
6. Otobüste sigara içebilir miyim?
7. Size bir şey sorabilir miyim?

12
Text der Hörverständnisübung:

Çetin: Aynur!
Aynur: Ne var Çetin?
Çetin: Emine'nin doğum gününe davetlisin, değil mi?
Aynur: Evet, davetliyim.
Çetin: Ne hediye etmeyi düşünüyorsun?
Aynur: CD hediye etmek istiyorum. Ya sen?
Çetin: Bilmiyorum.
Aynur: Emine kolye takmayı seviyor. Kolye hediye edebilirsin.
Çetin: Doğru. Kolye hediye edebilirim.
Sadri: Acaba ben ne hediye edeyim?
Aynur: Şey… Emine Almanca dersine arada sırada geç gelmiyor mu?
Sadri: Doğru, geç geliyor.
Çetin: Belki saati yok.
Aynur: Saat hediye edebilirsin.
Sadri: İyi fikir.

1. c – 2. c – 3. a

LEKTION 19

4
1 Krefeld'de, satılık, üç odalı 82 m^2, 160 bin €.
2 Esentepe'de, kiralık, üç oda, bir salon, sekizinci katta, 115 m^2, 15 milyon
3 Suadiye'de, satılık, dört oda, bir salon, 20 milyar
4 Oyak Sitesinde, kiralık, dört odalı, 15 milyon
5 plaja yakın, kiralık, dört odalı, 140 m^2, 20 milyon
6 kiralık, üç oda, bir salon, ikinci katta, 425 €

5
1. büyük – 2. sessiz – 3. yeni – 4. geniş – 5. pahalı – 6. karanlık

6
1. çay bahçesi – 2. içmek – 3. işyeri – 4. yakın – 5. üst – 6. arada sırada – 7. sağlıklı

7
1.
■ Merhaba Mehmet, nasılsın?
❏ Teşekkür ederim, iyiyim.
■ Bir ricam var.
❏ Buyur.
■ Nihayet bir daire bulduk. Hafta sonu taşınacağız. Yardım edebilir misin?
❏ Seve seve.

2.
■ Yeni daireniz kaç odalı?
❏ Dört. Oturma, yatak, çalışma ve çocuk odası var.
■ Kirası ne kadar?
❏ 30.000.000 lira.

SCHLÜSSEL

3.
■ Yeni dairenizden memnun musunuz?
❑ Çok memnunuz. Hem modern hem de kirası çok ucuz.
■ Kaçıncı katta?
❑ Dördüncü. Otobüs durağına da çok yakın.
■ Biz de buradan taşınmak istiyoruz.
❑ Nereye?
■ Bahçeli Evler Sitesi'ne.

8
1. Her dairede en az bir oda bulunur.
2. Ben üç odalı bir daire arıyorum.
3. Biz misafir odasını çocuk odası olarak kullanıyoruz.
4. Sadri Beyler geçen hafta sonu bahçeli bir eve taşındılar.
5. Biz yazlıkları genellikle deniz kenarlarında görürüz.
6. Ajda Hanımları oturmaya davet ettik.
7. Ne mi yapıyorum? Eşyaları toluyorum.

9
1. Kirası ne kadar? – 2. Kaçıncı katta? – 3. Ne zamandan beri? – 4. Kimden kiraladınız? – 5. Kaç yıldır?

10
1. kira – 2. dar – 3. apartman – 4. banyo – 5. eşya – 6. daire – 7. Taşındık. – 8. kullanmak – 9. mutfak – 10. masraf – 11. geniş

11
1. Avni Bey nisanda buradan taşınacak.
2. Eşyaları toplayacağız.
3. Biz sinemaya gideceğiz. Sen de gelecek misin?
4. Semra Hanım bu evi beğenmeyecek.
5. Ayrılacak mısınız?
6. Kirayı ne zaman ödeyeceksiniz?
7. Tansu'ya niçin yardım etmeyeceksiniz?

12
1. yatak odası – 2. yakıt masrafı – 3. deniz kenarı – 4. apartman dairesi – 5. Gültepe sitesi – 6. emlak bürosu – 7. apartman sahibi

13
1. c – 2. d – 3. a – 4. f – 5. ç – 6. e – 7. b

14
1. Üç odalı bir evde oturuyoruz.
2. Sizin daireniz kaç odalı?
3. Ali Bey 235'inci sokakta oturuyor.
4. Yeni eve ne zaman taşınacaksınız?
5. Evin kirası ne kadar?
6. Kaçıncı katta oturuyorsun?
7. Kaç euro yakıt masrafı ödüyorsun?
8. Burada kaç yıldır oturuyorsun?

15
1. Saat dört oldu, Ali Bey daha gelmedi.
2. Pazara gidiyorum. Hafta sonu için alışveriş yapmam lazım.
3. Tam iki yıldır bahçeli bir ev arıyoruz. Nihayet bulabildik.
4. Dün kiralık bir eve baktık, beğendik. Fakat kirası çok yüksek.
5. Size bir yazlık göstereceğim, belki beğenirsiniz.
6. Daha ne kadar bekleyeceğiz?
7. Saat üçten beri bekliyoruz. Nihayet gelebildin!

16
Text der Hörverständnisübung:

"Adım Emine. Nerede mi oturuyoruz? Esentepe'de bir apartmanda. Beş yıldır orada oturuyoruz. Dairemiz üç oda, bir salon. Mutfak biraz küçük. Yatak odası dokuz, salon yirmi metrekare. Banyo çok modern. Alafranga tuvaletimiz de var. Çocuklar da odalarından

SCHLÜSSEL

memnun. Beyimin de küçük bir çalışma odası var. Kirası mı ne kadar? Ev bizim, satın aldık. Beş yıl önce. Sitemiz şehir merkezine biraz uzak, ama hayatımızdan memnunuz.**9**

1. c – 2. b – 3. c – 4. a

LEKTION 20

3
1. kiralık oda – 2. tek kişilik – 3. sipariş etmek – 4. kamyonet kiralamak – 5. çekle ödemek – 6. zevkli döşemek – 7. yarım pansiyon

4
1. yazı masası – 2. gece lambası – 3. koltuk takımı – 4. buzdolabı – 5. taşınma hazırlığı – 6. düğün davetiyesi –7. çocuk parası – 8. ev kirası

5
1. koltuk – 2. sandalye – 3. çakmak – 4. şeker – 5. karyola – 6. davetiye – 7. buzdolabı

6
1. halı – 2. döşemek – 3. fırın – 4. izinde – 5. anahtar – 6. oda – 7. karyola – 8. kiralık – 9. ayna – 10. masa – 11. boş – 12. kat – 13. kaç

7
1. Yemek masasını mutfağa koyarım.
2. Çocuk karyolasını çocuk odasına koyarım.
3. Koltuğu oturma odasına koyarım.
4. Sehpayı koltuğun yanına koyarım.
5. Televizyonu salona koyarım.
6. Ayakkabı dolabını girişe koyarım.
7. Çatalı, kaşığı, bıçağı mutfak dolabına koyarım.
8. Bilgisayarı çalışma odasına koyarım.

8
1. Sevim Hanımlar taşınmışlar.
2. Ali Bey eski halıyı almamış.
3. Tarık izinden dönmüş.
4. Bunu sen söylemişsin.
5. Evlerini zevkli döşemişler.
6. Ali kamyonet kiralamamış mı?
7. Yirmi yıl önce bu pansiyonda kalmışız.

9
1. Bahçeli bir eve taşındık.
2. Oturma odanızı zevkli döşemişsiniz.
3. Bak, Ali izinden dönmüş!
4. Çocuk odasına başka ne lazım?
5. Tek yataklı boş odanız var mı?
6. Çekle ödeyebilir miyim?
7. Lütfen iki kişilik bir oda.

10
1.
■ Duydun mu? Ayşe evlenmiş.
❑ Hayır, duymadım. Sen nereden biliyorsun?
■ Gazetede okudum. Fotoğrafı bile vardı.
❑ Kiminle?
■ Yusuf Beyle.
❑ Banka müdürü Yusuf Beyle mi?
■ Evet, onunla.
❑ Ne zaman?
■ Bir hafta önce. Düğünden sonra Antalya'ya uçakla gitmişler.
❑ Hımm...
■ Bahçeli bir ev kiralamışlar.

SCHLÜSSEL

2.
- ■ Boş odanız var mı?
- ❏ Evet, kaç kişilik?
- ■ İki kişilik çift yataklı bir oda lütfen.
- ❏ Kaç gece kalacaksınız?
- ■ İki gece.
- ❏ 312 numaralı oda. Buyurun anahtarınız.
- ■ Teşekkür ederim.

11

Bir gün Nasrettin Hoca'yı bir düğün yemeğine davet etmişler. Hoca günlük giysileriyle gitmiş. Hocayla kimse ilgilenmemiş, „Hoş geldin, yemeğe buyur" dememişler. Hoca eve gitmiş, kürkünü giymiş, düğüne geri gelmiş. Bu ne itibar! Hoca'yı kapıda karşılamışlar, hemen yemeğe buyur etmişler. Hoca oturmuş, kürkünün eteğini tutmuş ve „Ye kürküm ye, bu itibar bana değil, sana" demiş.

12

Text der Hörverständnisübung:

Y= Yalçın Çelik O= Otel kâtibi

Y: İyi günler.
O: İyi günler efendim, buyurun.
Y: Boş yeriniz var mı?
O: Var. Kaç kişilik?
Y: İki kişilik.
O: İki kişilik bir oda mı, yoksa tek kişilik iki oda mı?
Y: Tek kişilik iki oda. İkisi de lütfen deniz manzaralı olsun.
O: Bütün odalarımız deniz görür, efendim. Adınız?
Y: Yalçın Çelik.
O: İkinci oda kimin için?
Y: Cihan Ersöz için, meslektaşım. Akşama doğru gelecek.
O: Sizin oda numaranız 402, arkadaşınızın 403. Buyurun anahtarınız. Asansör karşıda.
Y: Teşekkür ederim.

1. c – 2. a – 3. b

SUFFIXVERZEICHNIS

-(i)m (4)
-(i)miz (4)
-(i)n (4)
-(i)nci (19)
-(i)niz (4)
-(n)in (8)
-(s)i (4)
-(y)di (13)
-(y)e (7)
-(y)ebil- (18)
-(y)ecek (19)
-(y)elim (15)
-(y)eme- (18)
-(y)eyim (15)
-(y)i (10)
-(y)im (2)
-(y)in(iz) (14)
-(y)iz (2)
-(y)le (11)
-(y)miş (20)
-(°)r (16)
-ci / -çi (6)
-cik (20)
-ciğim (20)
-de / -te (5)
-den / -ten (7)
-di / -ti (12)
-dir / -tir (19)
-ki (16)
-ler (2), (7)
-leri (4)
-li (3), (8)
-lik (6)
-me (17)
-me- (5)
-mek (5)
-mez (16)
-miş (20)
-sin (2), (14)
-siniz (2)
-siz (8)
-z (16)

SACHVERZEICHNIS

Ablativ (7)
Adjektive (6), (8)
Agglutination (1)
Akkusativ (10)
Alphabet (1)
Anrede (1), (8)
Apostroph (5)
Aufforderungs- und Wunschform (15)
Berufsbezeichnungen (6)
Betonung (1)
bir (6)
brauchen (17)
Dativ (7)
de (2)
değil (2)
Fragepartikel (3), (5)
Futur (19)
geçe (10)
Genitiv (8)
gerek (17)
güle güle (14)
haben (4), (8)
Handlungsträger (6)
hiçbir (12)
hoşuna gitmek (16)
için (12)
idi (13)
ile (11)
imiş (20)
Imperativ (14)
Infinitiv (5)
istemek (11)
kala (10)
Komperativ (17)
können (18)
Konsonanten (1)
Konsonantenerweichung (4), (7), (8)
Kurzinfinitiv (17)
lazım (17)
Lokativ (5)
mi? (3)

müssen (17)
niyet (19)
Nominativ (10)
nötig, notwendig (17)
Objekt, direktes (10)
Ordinalzahlen (19)
Ortsangaben (14)
Personalpronomen (2), (8), (10)
Personalsuffixe (2), (3)
personenanzeigende Suffixe (12)
Plural (2), (4), (7)
Possessivpronomen (4)
Possessivsuffixe (4), (9)
Postpositionen (11)
Präsens (5), (16)
pronominales *n* (9)
-*r*-Präsens (16)
Richtungsangaben (14)
sein (1), (13)
Singular (4), (5)
Steigerung (17)
su (15)
Subjekt (5)
Substantive (6), (8)
Superlativ (17)
Temporaladverbien (11)
Uhrzeit (10)
var (4), (8)
Verbalstamm (5)
Vergangenheit auf -*di* (12)
Vergangenheit auf -*miş* (20)
Verkleinerungssuffix (20)
Verneinungssuffix (5)
Verwandtschaftsbezeichnungen (8)
Vokalausfall (16)
Vokale (1)
Vokalharmonie (1), (2), (5), (10)
wollen (11)
Wortverkettung (9)
yok (4), (8)
-*yor*-Präsens (5)
Zahlwörter (4)
Zirkumflex (4)